Uta Reimann-Höhn

AD(H)S in der Pubertät

Uta Reimann-Höhn

AD(H)S in der Pubertät

Jugendliche stärken und Krisen meistern

FREIBURG · BASEL · WIEN

© Verlag Herder GmbH, Freiburg im Breisgau 2016
Alle Rechte vorbehalten
www.herder.de

Umschlaggestaltung: Verlag Herder
Umschlagmotiv: © bogdanhoda - shutterstock

Satz: Daniel Förster, Belgern
Herstellung: CIP books GmbH, Leck

Printed in Germany

ISBN 978-3-451-61357-9

Inhalt

Vorwort 9
Einführung 12

1. Kapitel
Grundwissen über AD(H)S 15
Unaufmerksamkeit 15
Hyperaktivität 16
Impulsivität 16
AD(H)S und Hochbegabung 17
Wer stellt die Diagnose? 18
AD(H)S – Diagnostische Kriterien nach ICD-10 (DSM-IV/V) 19
Vier Typen von AD(H)S 20
Diagnose AD(H)S 21
Multimodales Behandlungskonzept 21
Mögliche Begleiterkrankungen (Komorbiditäten) 24
Ist die AD(H)S heilbar? 24
Einordnung der Medikation 25
AD(H)S und Pubertät: Was man wissen muss 26
AD(H)S hat auch positive Seiten 29

2. Kapitel
Typische Verhaltensweisen von Jugendlichen mit AD(H)S 31
Impulsivität 31
Hyperfokussieren 36
Hyperaktivität wandelt sich zur inneren Unruhe 43
Hypoaktivität 46

Chaos und Unordnung 50
Aufschieberitis (Prokrastination).................. 58
Geruchs- und Geräuschempfindlichkeit 62
Zeitempfinden 65
Umgang mit Geld 68
Dauerreden 70
Schnelldenker 74
Extremes Gerechtigkeitsempfinden 76
Depression: Keiner mag mich 80
Emotionsschwankungen......................... 83
»Ich will keine Pillen mehr!« 84
Wutanfall und Aggression........................ 87
Schnelles Autofahren........................... 91
Distanzstörung............................... 92
Immer diese Fehlentscheidungen 95
Spätzünder 97

3. Kapitel
Schule, Ausbildung und Beruf 99
Ohne Hilfe geht in der Schule nichts 100
Null Bock auf Lernen........................... 103
Du kannst doch, wenn du nur willst................ 107
In der Schule Außenseiter 109
Mobbingopfer aufgrund von AD(H)S 112
Recht auf Nachteilsausgleich in der Ausbildung 115
Probleme mit Autoritäten in der Ausbildung 117
Welche Berufe eignen sich für Jugendliche mit AD(H)S? .. 120
Begabungs- und Motivationscheck 122
AD(H)S im Studium............................ 126

4. Kapitel
Familie 130

Ablösung: Keiner versteht mich! 131

Professionelle Hilfe durch Beratungsstellen 136

Acht grundlegende Tipps für den Umgang mit von AD(H)S betroffenen Jugendlichen 138

5. Kapitel
Sucht 142

Erhöhte Gefahr für Jugendliche mit AD(H)S 142

Clemens fühlt sich ruhiger 143

Spannung und Abwechslung im Internet 148

Liebe und Partnerschaft 151

Auf beiden Ohren taub 156

Umgang mit Sexualität 158

Kriminalität 160

Richtungslos und verzweifelt 163

Immer zu langsam 165

Diese Jugendlichen sind auf einem guten Weg 167

6. Kapitel
Das tut Jugendlichen mit AD(H)S gut 170

Musik 170

Bewegung 171

Belohnungssysteme 171

Fixpunkte im Tagesablauf 172

7. Kapitel
Fragen im Zusammenhang mit AD(H)S bei Jugendlichen 173

Haben Jugendliche mit AD(H)S häufig Schlafprobleme? .. 173

Dürfen Jugendliche mit AD(H)S den Führerschein machen? 174

Bauen Jugendliche mit AD(H)S mehr Verkehrsunfälle? ... 174

Wichtig 175
Haben Jugendliche mit AD(H)S mehr Verletzungen
  als andere? 176
Ist auch das Sterberisiko erhöht? 177
Hilft Neurofeedback bei AD(H)S? 177
Wirken Cola oder Energy-Drinks beruhigend
  bei einer AD(H)S? 178
Ist AD(H)S vererbbar? 178
Hilft eine Diät bei einer AD(H)S? 179
Kann Paracetamol in der Schwangerschaft eine AD(H)S
  bewirken? 179
Kann ein Schulbegleiter einen Jugendlichen mit AD(H)S
  unterstützen? 180

8. Kapitel
Neuigkeiten und key-Points:
Das Wichtigste in Kürze 181
Neue Studie zur Volkskrankheit AD(H)S startete 2015 181
AD(H)S an der Stimme erkennen, geht das? 181
Nimm's mit Humor 184
Spitznamen müssen nicht sein 184

Nachwort 187
Informative Internetseiten 190
Literatur 192

Vorwort

AD(H)S, die inzwischen häufigste Störung im Kinder- und Jugendalter, ist längst in der öffentlichen Wahrnehmung angekommen. Kein Wunder, denn viele Symptome der prominenten Störung treffen mehr oder weniger bei den meisten Menschen zu. Natürlich ist jeder manchmal unkonzentriert, verliert die Geduld, unterbricht andere, vergisst etwas oder redet wie ein Wasserfall. Genau diese Symptome machen AD(H)S für die breite Öffentlichkeit so nachvollziehbar und erklären den hohen Bekanntheitsgrad der komplexen Störung.

Doch um die Diagnose einer AD(H)S zu bekommen, reicht das nicht. Erst wenn die Bewältigung des Alltags über einen längeren Zeitraum durch diese Symptome beeinträchtigt wird, wenn andere verursachende Krankheiten ausgeschlossen werden können und wenn ein Leidensdruck besteht, kann eine AD(H)S sicher diagnostiziert werden.

Als ich vor der Jahrtausendwende zum ersten Mal mit dem damals noch neuen Störungsbild AD(H)S (Aufmerksamkeit-Defizit-Hyperaktivität-Störung) in Berührung kam, war diese Verhaltensauffälligkeit noch weitgehend unbekannt und das Ausmaß kaum absehbar. Inzwischen spricht man von über einer halben Million[1] betroffener Kinder und Jugendlicher alleine in Deutschland.

Als langjährige Leiterin einer lerntherapeutischen Einrichtung habe ich inzwischen mit Hunderten von Kindern und

---

1 http://www.kiggs-studie.de/fileadmin/KiGGS-Dokumente/kiggs_tn_broschuere_web.pdf

Jugendlichen gearbeitet. Im Zentrum unserer Anstrengungen steht die Verbesserung der schulischen Leistungen.

Eine intensive Zusammenarbeit mit den Eltern sowie der Aufbau eines gesunden Selbstwertgefühls bei den Kindern und Jugendlichen bilden die Basis unserer Arbeit, der Rest ist die Vermittlung schulischer Kompetenzen wie Lesen, Schreiben und Rechnen und die Vermittlung sozialer Kompetenzen.

Kinder und Jugendliche mit AD(H)S gehörten von Anfang an zu unseren Klienten – und sie fielen uns auf. Eines ist allen Betroffenen gemeinsam – sie haben große Probleme damit, sich über einen längeren Zeitraum zu konzentrieren, sind schnell gelangweilt und lassen sich rasch ablenken. Die üblichen Arbeitsblätter, Gruppenübungen und Lernkonzepte führen nicht zum gewünschten Erfolg. Stets wandert nur ein Teil der Informationen in ihr Gedächtnis, der andere verschwindet im Nirgendwo.

Diese Kinder und Jugendlichen kennen die Rechtschreibregeln, bringen aber nicht genügend Konzentration auf, um sie auch in einem längeren Text anzuwenden. Sie können rechnen, machen allerdings sehr viele Flüchtigkeitsfehler. Wenn sie lesen, eilen sie dem Text gedanklich voraus und überspringen ganze Passagen. Außerdem erleben sie wesentlich mehr konfliktbesetzte Situationen in der Schule, mit Freunden und in der Familie als Gleichaltrige. Kinder und Jugendliche mit AD(H)S haben ein Problem mit der Impulsivität, Konzentration und der Aufmerksamkeit, nicht aber mit der Intelligenz. Deshalb leiden viele unter ihrem Verhalten, das sie selber nur schlecht beeinflussen können.

Das Schicksal dieser Kinder und ihrer Eltern beschäftigt mich seit vielen Jahren. Schon im Jahr 2001 schrieb ich mein erstes Buch zum Thema: ADS: So stärken Sie Ihr Kind! Ich schilderte darin typische Situationen aus meiner langjährigen Praxisarbeit und aus Elterngesprächen und zeigte praktische Lösungen für den Familienalltag. Es folgte schnell ein zweites

Buch, das sich mit den Träumern, den hypoaktiven ADS-Kindern befasste, denn auch hier zeigte sich ein großer Informationsbedarf bei den betroffenen Familien.

Jetzt, fünfzehn Jahre später, greife ich das Thema erneut auf, jedoch mit einem anderen Fokus. Meinen Schwerpunkt lege ich nun auf die Jugendlichen und ihre Familien, denn nur bei rund einem Drittel der Kinder mit AD(H)S verliert sich die Symptomatik mit dem Verlauf der Pubertät. Bei bis zu zwei Dritteln (40 % bis 80 %)[2] besteht die Störung weiterhin und beeinflusst diese auch so schon aufregende Entwicklungsphase mehr oder weniger signifikant.

Die Pubertät mit einem unter AD(H)S leidenden Jugendlichen zu überstehen, ist nicht einfach, aber es kann durchaus funktionieren. Langweilig wird es sicher nie, und Grenzerfahrungen sind Teil des Gesamtpakets. Doch wer hat gesagt, dass Kindererziehung einfach ist? Ein Kind durch die Pubertät zu begleiten und steuernd einzugreifen, wenn es notwendig ist, bringt nahezu alle Eltern an ihre Grenzen. Mit einem von AD(H)S betroffenem Kind dauert diese Erfahrung etwas länger und kann intensiver sein. Ein Grund, auf seine Leistungen und sein Kind stolz zu sein und auf die durchlebte Beziehungsarbeit voller Zufriedenheit zurückzublicken.

Ich möchte mit diesem Buch das Verständnis für die betroffenen Jugendlichen und ihre Eltern wecken, ihre wertvolle Beziehungs- und Erziehungsarbeit herausstellen, wichtige Informationen über die Pubertät und die AD(H)-Störung vermitteln und ganz praktische, pädagogische Handlungstipps für den Alltag geben.

Viel Spaß beim Lesen!

---

2 Bundesärztekammer

Einführung

Sven provoziert seine Eltern regelmäßig aufs Schlimmste, Laras Versetzung steht mal wieder auf der Kippe, Kim vergräbt sich seit Tagen in ihrem vermüllten Zimmer, und wegen Sören stand schon einige Male die Polizei vor der Tür. Die Zukunft dieser Jugendlichen ist ungewiss, ihre Mütter und Väter sind ratlos und verzweifelt. Seit der Grundschulzeit sind sie Sorgen gewöhnt, aber jetzt, mitten in der Pubertät, stoßen sie an ihre Grenzen.

Die Eltern von Sven, Lara, Kim und Sören und vielen anderen Teenagern durchleben Tag für Tag ein Wechselbad der Gefühle zwischen Wut, Sorge, Erschöpfung und Angst. Sven, Lara, Kim und Sören haben eine AD(H)- Störung, eine Verhaltensstörung, die bei circa 4,8 Prozent aller Kinder und Jugendlichen in Deutschland[3] diagnostiziert ist. Sie ist neben Adipositas (Übergewicht) und Allergien zu einer neuen Volkskrankheit geworden.

Im Jahr 2011 wurde AD(H)S bei rund 750.000 Personen festgestellt (552.000 Männer, 197.000 Frauen). Mit rund 620.000 Personen entfiel das Gros auf die Altersgruppe bis 19 Jahre (472.000 Jungen, 149.000 Mädchen). Besonders hohe Diagnoseraten seien zum Ende des Grundschulalters vor dem Übergang auf weiterführende Schulen zu verzeichnen, so die Autoren Dr. Thomas G. Grobe und Prof. Dr. Friedrich W. Schwartz vom Institut für Sozialmedizin, Epidemiologie und Gesundheitssystemforschung (ISEG) in Hannover.[4]

---

3 Huss, Holling, Kurth & Schlack, 2008
4 Barmer GEK-Arztreport 2013

Einführung

AD(H)S hat viele Gesichter, und schon die Diagnose ist nicht einfach. Meist kommt die Störung mit dem komplexen Krankheitsbild auch nicht alleine daher, sondern beispielsweise mit einer Teilleistungsschwäche oder einer Tic-Störung.

Hinzu kommen Fehldiagnosen und fehlende Diagnosen, falsche Behandlungen und eine Vielzahl selbsternannter Experten, die Kinder vorschnell in die »AD(H)S-Kiste« stecken, nur weil sie einen starken Bewegungsdrang haben oder langweiligen Unterricht schlecht aushalten. Was schon für gesunde junge Menschen und ihre Familien eine enorme Kraftanstrengung bedeutet, sieht bei Jugendlichen mit AD(H)S ungleich heftiger aus. Frustrationen, Zorn und Enttäuschungen auf beiden Seiten sind an der Tagesordnung, objektiv zu bleiben, fällt allen Beteiligten schwer. Die Gründe für das oft extreme Verhalten der betroffenen Jugendlichen sind nicht immer offensichtlich, die klassischen Erklärungsmuster für die Pubertät greifen zu kurz.

Die Pubertät ist ein ganz intensiver Lebensabschnitt, besonders für Eltern, deren Kinder die Diagnose AD(H)S bekommen haben. Aufregend, herausfordernd, spannend und abwechslungsreich auf der einen Seite, beängstigend, belastend, kompliziert und anstrengend auf der anderen. Rückblickend gibt die Pubertät nicht selten Anlass zum Schmunzeln und zum Erzählen lustiger Anekdoten. Doch im Zentrum des Geschehens fühlt sich das oft anders an.

Im Alter zwischen circa 12 und 18 Jahren wollen sich die Jugendlichen abnabeln, eine eigene Identität entwickeln und neue Freunde finden. Diese lang anhaltende und in Wellenbewegungen verlaufende Entwicklungsphase wird unter anderem vom Umbau des Hormonhaushalts und starken körperlichen Veränderungen bestimmt. Das vollzieht sich nicht ohne Probleme. Emotionen und Gefühle fahren Achterbahn, Interessen und Hobbys wandeln sich manchmal radikal, und die Bindung zu den Eltern als engste Vertraute wird angespannt und konfliktträchtig. Bei Jungen und Mädchen mit AD(H)S beginnt dieser Prozess häufig etwas später und endet erst mit circa 25 Jahren. Was schon für normale Jugendliche eine große Herausforderung ist, kann Menschen mit AD(H)S an ihre Grenze bringen. Alle Veränderungen, Gefühlsschwankungen, Hilflosigkeiten oder Orientierungsfragen durchleben sie intensiver und länger, ohne recht zu verstehen, was eigentlich an ihnen anders ist als an anderen.

In diesem Buch werden typische Situationen und Verhaltensweisen von Jugendlichen mit AD(H)S in der Pubertät beschrieben, die Hintergründe ihres Verhaltens erläutert und Handlungsmöglichkeiten für den Alltag mit einem betroffenen Jugendlichen vorgeschlagen.

1. KAPITEL

Grundwissen über AD(H)S

AD(H)S ist ein Dauerthema, zu dem es viele Bücher und Informationsseiten im Netz gibt. Diese Vielfalt verwirrt. Hinzu kommt, dass das noch recht junge, psychische Störungsbild immer wieder in Frage gestellt wird. Ursächlich dafür sind die drei Hauptsymptome, die jeder Mensch bei sich mehr oder weniger feststellen kann. Die Grenze von einem normalen Verhalten zu einer Störung wie AD(H)S ist dabei fließend. Niemand kann sie bis heute genau festlegen.

Die drei Hauptsymptome sind Unaufmerksamkeit, Hyperaktivität und Impulsivität.

Unaufmerksamkeit

Die Unaufmerksamkeit zeigt sich in allen Lebensbereichen und hat besonders in der Schule, in der Ausbildung oder im Studium negative Folgen. Die Jugendlichen übersehen Details und machen jede Menge Flüchtigkeitsfehler. Sie können sich nicht lange konzentrieren und haben Probleme zuzuhören. Sie fangen viel an und führen kaum etwas zu Ende.

Natürlich fällt es ihnen auch schwer, ein Projekt oder eine Aufgabe zu planen und diese Planung dann auch abzuwickeln. Das Wissen um diese Unfähigkeit führt dazu, dass die Betroffenen solche Aufgaben aktiv vermeiden und sich aus Angst vor dem Misserfolg entziehen. Sie sind vergesslich und verlieren gerne Gegenstände aller Art. Ihre Reizoffenheit ist ursächlich verantwortlich dafür, dass sie sehr leicht ablenkbar sind von allem, was um sie herum passiert.

Hyperaktivität

Am auffälligsten ist das Symptom Hyperaktivität, denn ein unruhiges, nie still sitzendes Kind kann seine Umgebung in den Wahnsinn treiben. Besonders in der Kindheit machen hyperaktive Jungen und Mädchen ihren Eltern das Leben schwer. Häufig vermeiden die Familien Besuche bei anderen und ziehen sich aus der Öffentlichkeit zurück, um nicht immer wieder unangenehm aufzufallen. Später wandelt sich die äußere Unruhe oft in eine innere Nervosität. Typische Anzeichen für das hyperaktive Verhalten sind:

- Zappeln und sich winden, während man sitzt oder steht
- Aufspringen und herumlaufen während sitzender Tätigkeiten
- Rennen oder herumklettern, egal wo man sich befindet
- Nicht in der Lage sein, leise zu spielen
- Getrieben wirken, umtriebig sein
- Übermäßig viel reden

Impulsivität

Die Impulsivität stellt Kinder und Jugendliche mit AD(H)S oft ins soziale Aus. Immer wieder sagen sie unüberlegt Dinge, die andere verletzen. Im Unterricht stören Sie massiv, weil ihnen die Zurückhaltung nicht gelingt. Typische Verhaltensweisen der Impulsivität sind:

- Mit Antworten herausplatzen, bevor die Frage zu Ende gestellt worden ist
- Reihenfolgen ignorieren und nicht warten können, bis man an der Reihe ist
- Anderen ins Wort fallen oder gleichzeitig sprechen.

Wer unter der Störung leidet, am gesellschaftlichen Leben kaum teilnehmen kann, soziale Kontakte vermisst oder in der Schule und Ausbildung versagt, braucht Unterstützung. AD(H)S kann das Familienleben extrem belasten und führt manchmal sogar zu ihrer Auflösung. Je besser Eltern informiert sind, desto eher kann eine Therapie Hilfe bringen. Der Weg zu Fachleuten ist sehr zu empfehlen.

AD(H)S und Hochbegabung

In einem Teil der Literatur über AD(H)S wird immer wieder davon ausgegangen, dass die Störung Ausdruck einer Hochbegabung sei. Prominente Beispiele werden für diese These angeführt. So sollen beispielsweise Bill Gates und auch der verstorbene Apple-Chef Steve Jobs von AD(H)S betroffen gewesen sein. Allerdings gibt es keine gesicherte Diagnose, lediglich Vermutungen, denn die beiden erfolgreichen Unternehmer gelten als schwierige, getriebene Persönlichkeiten.

Für ein erhöhtes Zusammentreffen von AD(H)S und einer Hochbegabung gibt es keine wissenschaftlichen Beweise. Jugendliche mit AD(H)S sind ebenso wie der Durchschnitt der Bevölkerung zu circa 2 Prozent hochbegabt. Ob sie allerdings ihre Begabung ausschöpfen und umsetzen können, ist fraglich. Ohne die Fähigkeit zum strukturierten Arbeiten bleiben schulische oder wissenschaftliche Ausnahmeleistungen schwierig und sind eher als Zufallstreffer, bei erkannten Begabungsinseln, möglich.

1. Kapitel

Wer stellt die Diagnose?

Erzieher, Lehrer, Freunde und Verwandte können AD(H)S nicht diagnostizieren, versuchen es aber gerne immer wieder. Die Hinweise von außen sollten ernst genommen und überprüft werden. Wenn ein Kind oder Jugendlicher immer mehr Probleme im Alltag hat, ist eine fachliche Abklärung sinnvoll.

Nur Fachleute können klären, ob eine Störung vorliegt. Ansprechpersonen sind:

- der Kinder- und Jugendarzt
- der Hausarzt
- Kinder- und Jugendpsychiater
- Psychotherapeuten
- Beratungsstellen
- Ambulanzen und sozialpädiatrische Zentren.

Anhand von empfohlenen Leitlinien[5] werden die Experten überprüfen, ob eine AD(H)S vorliegt. Das kann mehrere Sitzungen dauern, in denen neben ausführlichen Gesprächen auch testpsychologische und körperliche Untersuchungen durchgeführt werden. Dabei werden mögliche andere Ursachen ausgeschlossen, um anschließend eine in Frage kommende Therapie zu empfehlen. Zur Diagnose der verbreiteten Aufmerksamkeitsdefizit-/Hyperaktivitätsstörung AD(H)S genügt es, dass die Symptome bis zum 12. Lebensjahr das erste Mal auftreten. Betont wird im DSM-V[6] auch, dass AD(H)S bis ins Erwachsenenalter anhalten kann.

---

5 http://www.bundesaerztekammer.de/page.asp?his=0.7.47.3161.3163.3177
6 Das DSM-5 ist die fünfte Auflage des von der American Psychiatric Association herausgegebenen Klassifikationssystems Diagnostic and Statistical Manual of Mental Disorders. Diese Version hat im Mai 2013 die vierte Auflage abgelöst.

AD(H)S – Diagnostische Kriterien nach ICD-10 (DSM-IV/V)

Unaufmerksamkeit

- häufig unaufmerksam gegenüber Details, Sorgfaltsfehler
- häufig nicht in der Lage, die Aufmerksamkeit bei Aufgaben und beim Spielen aufrechtzuerhalten,
- häufig scheinbar nicht zuhören, was gesagt wird,
- oft Erklärungen nicht folgen oder Aufgaben nicht erfüllen können,
- häufig beeinträchtigt, Aufgaben und Aktivitäten zu organisieren,
- häufig Vermeiden von, (zusätzlich: hat eine Abneigung gegen oder beschäftigt sich häufig nur widerwillig mit)
- ungeliebten Arbeiten, die geistiges Durchhaltevermögen erfordern,
- verliert häufig Gegenstände, die für bestimmte Aufgaben wichtig sind
- häufig von externen Stimuli abgelenkt,
- im Verlauf der alltäglichen Aktivitäten oft vergesslich.

Überaktivität

- fuchteln häufig mit Händen und Füßen oder winden sich auf den Sitzen,
- verlassen ihren Platz, wenn Sitzenbleiben erwartet wird,
- laufen häufig herum oder klettern exzessiv in unpassenden Situationen (bei Jugendlichen und Erwachsenen nur ein Unruhegefühl),
- häufig unnötig laut beim Spielen oder Schwierigkeiten bei leisen Freizeitbeschäftigungen
- häufig »auf Achse«, handelt »wie getrieben«)

Impulsivität

- häufig mit der Antwort herausplatzen, bevor die Frage beendet ist,
- kann häufig nicht warten,
- häufig Unterbrechen und Stören Anderer.

Vier Typen von AD(H)S

Die Experten sprechen momentan von vier unterschiedlichen Typen der Störung.

1. Der AD(H)S-Mischtyp (alle Komponenten vorhanden)
2. Der vorwiegend unaufmerksame AD(H)S Typ (hauptsächlich unaufmerksam)
3. Der vorwiegend hyperaktiv-impulsive AD(H)S Typ (hauptsächlich hyperaktiv und impulsiv)
4. Der AD(H)S-Residual Typ (Jugendlicher oder Erwachsener, bei dem nicht mehr alle Symptome stark ausgeprägt sind, die früher vorhanden waren)

Dabei sind auch diese Typen in sich nicht identisch, sondern unterscheiden sich in Stärke und Ausprägung der Symptome. Die AD(H)S kann sich also ganz verschieden zeigen und ist auch deswegen nicht leicht oder vorschnell zu diagnostizieren. Der stille, verträumte, in sich ruhende Computernerd kann davon ebenso betroffen sein wie der laute, ständig redende und überaus anstrengende Extremsportler oder Moderator. Solange ein Betroffener die Symptome der AD(H)S in sein Leben integrieren kann und sie vielleicht sogar positiv nutzt, ist eine Therapie in der Regel nicht notwendig. Wenn die Symptome aber sehr stark ausgeprägt sind und das Leben behindern, profitiert der Betroffene von Hilfe.

Diagnose AD(H)S

Ein einziges testpsychologisches Verfahren, mit dem eine AD(H)S definitiv festgestellt werden kann, gibt es nicht. Verschiedene Untersuchungen und Gespräche beim Facharzt sind notwendig, um zu einer Diagnose zu gelangen, die komplex und aufwendig ist.

Bei einer Erstdiagnostizierung von AD(H)S im Jugendalter muss immer auch an eine organische oder psychische Erkrankung gedacht werden. Eine Psychose, eine manische Episode oder eine schizophrene Störung können durch den Facharzt ausgeschlossen werden. Das gilt auch für eine Persönlichkeits-, Angst- oder Panikstörung. Nach dem Ausschluss anderer ursächlicher Erkrankungen und dem Vorliegen der Gesprächsergebnisse über das zeitliche Auftreten der Symptome kann die Diagnose AD(H)S gestellt werden.

Unter Umständen wird auch eine Intelligenzdiagnose erstellt, das Vorgehen ist allerdings umstritten. Gerade bei Jugendlichen gibt es eine Reihe von Faktoren, die das Ergebnis eines Intelligenztests beeinflussen können, ohne dass dies die testende Person bemerkt.

»Die Test-Leistungen könnten konfundiert sein unter anderem durch Aufmerksamkeitsstörungen, psychomotorische Defizite, motivationale Einflüsse oder etwa auch durch Auswirkungen des am Vorabend der Untersuchung konsumierten Cannabis.«[7]

Multimodales Behandlungskonzept

Die Leitlinien der Deutschen Gesellschaft für Kinder- und Jugendpsychiatrie und der Arbeitsgemeinschaft AD(H)S der Kinder und Jugendärzte empfehlen zur Behandlung der AD(H)S

---

[7] Piero Rossi. Referat gehalten am JUVEMUS-Symposium 2003 in Koblenz.

ein multimodales Therapiekonzept[8]. Beim multimodalen Vorgehen werden unterschiedliche Interventionen und Therapieverfahren bedarfsgerecht auf den Einzelfall abgestimmt und können ambulant sowie teil- oder vollstationär angewendet werden. In Frage kommende Maßnahmen werden dabei nach Bedarf in das Therapiekonzept integriert.

Anzuwendende Interventionen können beispielsweise sein:

- Aufklärung und Beratung des sozialen Umfelds des Betroffenen. Bei Kindern und Jugendlichen insbesondere die Einbeziehung von Eltern, Erziehern und Klassenlehrern.
- Interventionen in Kindergarten und Schule zur Verminderung der Symptomatik im Kindergarten sowie in der Schule.
- Kognitive Verhaltenstherapie zur Verminderung von impulsiven und unorganisierten Aufgabenlösungen und Selbstmanagement-Trainings zur Modifikation des Problemverhaltens.
- Pharmakotherapie zur Verminderung hyperkinetischer Symptome.
- Gesonderte Behandlung eventueller begleitender Krankheitsbilder.

Je nach Diagnose wird der behandelnde Arzt eine Therapieform oder eine Kombination der Therapieformen vorschlagen. Eine Medikation wird in den meisten Fällen entweder mit

- Stimulanzien wie Methylphenidat (Ritalin) oder mit
- Atomoxetin (Noradrenalinwiederaufnahmehemmer wie Strattera)

---

8 Leitlinie der Arbeitsgemeinschaft AD(H)S der Kinder- und Jugendärzte e.V. AD(H)S bei Kindern und Jugendlichen (Aufmerksamkeits-Defizit-Hyperaktivitäts-Störung). Aktualisierte Fassung Januar 2007

durchgeführt, andere Bausteine der multimodalen Therapie werden bei Bedarf ergänzt.

»*Abhängig vom Erscheinungsbild, dem Schweregrad der Erkrankung und Art der Begleitstörungen und dem Ausmaß der Beeinträchtigung kommen für die Therapie psychosoziale, pädagogische, psychotherapeutische und medikamentöse Maßnahmen in Frage, die sich als einzelne Bausteine im Rahmen eines Gesamtbehandlungskonzepts ergänzen können.*«[9]

Wichtig ist, dass die Familien mit der Problematik nicht allein gelassen werden und die Therapie regelmäßig auf ihre Wirksamkeit hin überprüft wird. Der Arzt kann so die einzelnen Bausteine anpassen, falls einzelne Parameter nicht mehr wirksam sind oder neue behandlungsbedürftige Bereiche im Alltag hinzukommen.

Neben den medizinischen Interventionen kann auch eine

- pädagogische Begleitung, beispielsweise durch einen Familienhelfer oder einen Einzelfallhelfer

die Familie für eine Zeit sehr entlasten. Ausgebildete Pädagogen können den Kontakt zur Schule erleichtern, den Eltern einen Schonraum geben und mit ihnen Strategien einüben, die ihren Alltag leichter machen. In akuten Problemsituationen sind sie schnell erreichbar und können unmittelbar eingreifen. Pädagogische Unterstützung ist besonders bei Jugendlichen sinnvoll, die das Gespräch mit den Eltern zunehmend ablehnen und sich jeder Klärung entziehen. Sie kann auf dem zuständigen Jugendamt beantragt werden.

---

9 http://www.neurologen-und-psychiater-im-netz.org/kinder-jugend-psychiatrie/erkrankungen/aufmerksamkeitsdefizit-hyperaktivitaets-stoerung-adhs/multimodales-behandlungskonzept-therapieziel/

Mögliche Begleiterkrankungen (Komorbiditäten)

Eine Reihe von Begleiterkrankungen treten bei der AD(H)S signifikant häufiger auf, als bei Nicht-Betroffenen Personen.

Laut einer Stellungnahme der Bundesärztekammer[10] sind bei der AD(H)S im Jugendalter die folgenden Begleiterkrankungen möglich.

- Störungen des Sozialverhaltens in Form von aggressiven Verhaltensweisen
- Störungen des Sozialverhaltens in Form von oppositionellen Verhaltensweisen (absichtliches Verstoßen gegen Regeln)
- Teilleistungsstörungen wie beispielsweise Legasthenie oder Dyskalkulie
- Tic-Störungen (unkontrollierbare Körperbewegungen oder verbale Äußerungen)
- emotionale Störungen wie eine Angststörung oder Depression

Ist die AD(H)S heilbar?

Nach dem derzeitigen Wissensstand ist die Störung nicht heilbar. Manchmal bildet sich die AD(H)S aber zurück, bei einem Drittel der Betroffenen mit Eintritt der Pubertät und auch im höheren Alter noch. Trotzdem muss das Leben mit der AD(H)S keine Qual sein. Die Betroffenen können Bewältigungsstrategien entwickeln, mit denen sie Alltag und Beruf erfolgreich meistern. Auch Verhaltenstherapien helfen, vor allem bei Schwierigkeiten mit der Arbeitsorganisation sowie der beruflichen und privaten Kommunikation. Durch ein so

---

10 http://www.bundesaerztekammer.de/downloads/ADHSLang.pdf

genanntes Selbstinduktionstraining lernen AD(H)S-Patienten, wie sie ihr impulsives Verhalten kontrollieren können. Einzeln und in der Gruppe werden Verhaltensweisen eingeübt, die den Alltag mit den Kollegen, der Familie oder dem Partner verbessern. Ob eine Medikation hilfreich ist, muss im Einzelfall mit dem Arzt geklärt werden.

Einordnung der Medikation

In Deutschland steigt die Zahl der von AD(H)S Betroffenen im Alter zwischen 5 und 14 Jahren immer noch an, wie die aktuelle Studie der Wissenschaftler vom Versorgungsatlas des Zentralinstituts für die Kassenärztliche Versorgung[11] anhand der Auswertung aller Versicherten im Zeitraum von 2008 bis 2011 festgestellt hat. Die Medikation ging jedoch ein wenig zurück, wobei über die Gründe dafür bisher nur spekuliert wird. Möglicherweise geht der Rückgang der Verordnungen auf eine Änderung der Arzneimittelrichtlinien des Gemeinsamen Bundesausschusses zurück. Aufgrund dieser Änderungen dürfen nur Fachärzte aus den kinderärztlichen, psychiatrischen und neurologischen Fachgebieten bei AD(H)S spezifische Arzneimittel verordnen.

Die Medikation bei der AD(H)S ist ein immer wieder kontrovers diskutiertes Thema. Mythen und Fakten über die Langzeitwirkungen der Medikamente, besonders Ritalin, und ihrer Nebenwirkungen schaffen es regelmäßig in die Presse. Fast jeder hat eine Meinung dazu. Von der absolut segensreichen Therapie bis hin zur Erziehungspille für genervte Eltern reichen die teilweise sehr emotionalen Meinungen der Laien. Gar nicht leicht für Eltern, sich in dieser aufgeheizten Atmosphäre für die richtige Lösung zu entscheiden. Schließlich wollen sie ihr Kind

---

11 http://www.versorgungsatlas.de/themen/alle-analysen-nach-datum-sortiert/?-tab=6&uid=51

nicht einfach ruhig stellen, sondern ihm die normale Entfaltung seiner Persönlichkeit und seines Potenzials ermöglichen.

Bei der Entscheidung für oder gegen ein Medikament hilft neben der Beratung durch erfahrene Fachleute manchmal auch ein Blick über den Tellerrand. In Amerika liegen die Verordnungszahlen noch höher als in Deutschland, in Frankreich wird Ritalin wesentlich zurückhaltender verordnet. Es geht immer auch anders, allerdings müssen die Konsequenzen klar sein. Letztlich liegt die Entscheidung für eine Medikation bei den Eltern und bei den Jugendlichen selber, nachdem sie gründlich und ernsthaft die Vor- und Nachteile abgewogen haben. Ein Richtig oder Falsch gibt es hier nicht, aber ein Ausprobieren und Korrigieren, falls die erwünschte Wirkung nicht eintritt oder Nebenwirkungen auftreten.

AD(H)S und Pubertät: Was man wissen muss

Die Pubertät geistert als Schreckgespenst im Entwicklungsprozess durch die Medien. Jugendliche werden als Monster oder Kakteen bezeichnet, es gibt den Überlebensbrief für Eltern, und Szenarien von Schulversagen, Drogenexperimenten und kriminellen Ausflügen werden beschworen. Die Angst vor der Pubertät ist groß und wird kräftig geschürt. Das funktioniert, weil deutsche Eltern immer weniger Erfahrung in der Erziehung von Kindern haben, schließlich sinkt die Geburtenrate seit langem.

Die Unsicherheit und Angst vor der Veränderung sind ein guter Nährboden für Horrorszenarien. Viele Eltern erwarten in einer Art Schockstarre den Entwicklungsabschnitt ihrer Kinder, in dem ihre »Gehirne umgebaut« werden, sie »aus dem Ruder laufen« und »auf die schiefe Bahn« geraten. Dabei verläuft bei der überwiegenden Mehrzahl der Jugendlichen die Pubertät relativ unspektakulär. Die notwendigen Auseinandersetzungen mit den Eltern sind heftig, aber lehrreich für beide Seiten. Die

Raupe Kind verpuppt sich und entsteigt nach einer Zeit der Persönlichkeitsentwicklung als Schmetterling der Reifungsphase.

Dabei gehören Erfahrungen mit der ersten Liebe, Alkohol, Drogen, schlechte Noten, eine enge Bindung an Freunde und die ständige Auseinandersetzung über Rechte und Pflichten mit den Eltern zum Gesamtpaket. Zwischen 12 und 18 Jahren durchlaufen Kinder und Eltern einen Prozess, der für ein späteres, selbstbestimmtes und erfülltes Leben prägend ist. Die Pubertät ist eine Herausforderung und eine Chance, sich zu entwickeln und die enge Beziehung auf neue, stabile Grundpfeiler zu stellen.

All das gilt auch für Jugendliche mit AD(H)S, denn auch sie müssen reifen und sich darauf vorbereiten, ihr Leben selber zu gestalten. Dieser Prozess kann jedoch intensiver, impulsiver und ungebremster sein. Die Pubertät dauert in der Regel länger und setzt gerade bei einer begleitenden Medikation oft später ein. Sie kann aber auch bereits extrem früh beginnen. Die von der AD(H)S betroffenen Jugendlichen brauchen auf jeden Fall länger die Unterstützung von Freunden und der Familie als Jugendliche ohne die Störung.

Generell kommen besonders die mit Medikamenten behandelten Kinder mit AD(H)S häufig später in die Pubertät, bleiben länger kindlich und wachsen langsamer, jedoch ohne Auswirkungen auf die endgültige Körpergröße[12]. Den Jugendlichen mit der AD(H)S mangelt es dann oft an Selbstbewusstsein, altersentsprechendem Reflexionsvermögen und sie beharren weiterhin stark auf ihrer eigenen Sichtweise des Alltags. Das macht den Umgang mit ihnen nicht leicht. Auch andere Verhaltensweisen wie das starke Gerechtigkeitsempfinden, Schwierigkeiten mit dem Akzeptieren von Autoritäten oder gelegentliche Wutausbrüche und mangelnder Antrieb belasten ein harmonisches Zusammenleben. Erschwerend kommt eine höhere

---

12 http://www.ncbi.nlm.nih.gov/pubmed/25180281

1. Kapitel

Suchtgefährdung und vermutlich eine Neigung zu depressiven Verstimmungen hinzu.

Die AD(H)S wächst sich bei den meisten Betroffenen nicht aus, wie anfangs von vielen Fachleuten und Experten vermutet wurde. Nicht selten wird sie sogar erst in der Pubertät erkannt und diagnostiziert, besonders bei hypoaktiven, stillen Mädchen. Die komplexe Störung verändert sich in der aufregenden Lebensphase der Pubertät, die eventuell vorhandene äußere Unruhe wendet sich häufig nach innen. Eine latente Rast- und Ruhelosigkeit macht es den Jugendlichen schwer, sich selbst zu organisieren, familiäre Beziehungen und soziale Kontakte konfliktfrei zu gestalten.

Die folgenden Verhaltensweisen[13] können bei Jugendlichen mit AD(H)S auftreten:

- Die motorische, äußere Unruhe verkehrt sich häufig in eine innere Unruhe (u. a. Fußwippen, nervöse Fingerbewegungen).
- Die Reizfilterschwäche und die Unaufmerksamkeit bleiben bestehen. Die Patienten sind weiterhin stark ablenkbar. Sie können sich aber ebenso weiter extrem intensiv auf etwas fokussieren, das ihnen wichtig erscheint.
- Aus den impulsiven Kindern werden häufig jähzornige Erwachsene.
- Die Motivation bleibt ein Problem. Routineaufgaben fallen weiterhin schwer, sie werden als langweilig und öde empfunden.
- Das hohe Abwechslungsbedürfnis führt zu einem Risikoverhalten. Diese Risikobereitschaft kann zum Konsum von Drogen aller Art führen (legale und illegale) oder sich in häufig wechselnden Partnerschaften ausdrücken.

---

13 Quelle: Pädiatrie hautnah 2010, 1 : 4

Natürlich gibt es auch Fälle, in denen das Syndrom mit der Pubertät langsam verschwindet und auch verschwunden bleibt. Begründet wird diese Entwicklung (in beide Richtungen) mit dem Umbau des Dopamin-Haushalts in der Pubertät. Manche Kinder, die jahrelang Medikamente bekommen haben, können die Therapie langsam beenden und ihr Verhalten selber positiv steuern. Super, wenn die Entwicklung so verläuft. Eltern, Kinder und Jugendliche sollten immer wieder überprüfen, wie der Alltag ohne Medikamente funktioniert. Für alle anderen bleibt die Problematik unverändert oder abgeschwächt bestehen und begleitet die jungen Menschen weiter.

Doch die Phase der Pubertät ist für Betroffene auch eine Chance, sich jetzt bewusster mit ihrem Verhalten auseinandersetzen zu können. Die aktive Selbststeuerung, die Kindern noch enorm schwer fällt, wird einfacher. Strategien und Hilfen können besser verstanden und angewendet werden. Jugendliche mit AD(H)S können nun langsam lernen, sich selber besser zu verstehen und zu lenken.

AD(H)S hat auch positive Seiten

Das Leben mit einem von AD(H)S betroffenen Jugendlichen ist nicht langweilig, und auch nicht einfach. Wer die Herausforderung annimmt, sollte immer wieder die positiven Aspekte der Störung hervorheben. Sich an den Ressourcen zu orientieren, anstatt an den Defiziten, hebt die Lebensqualität für Eltern und Kinder.

- Die Filterschwäche und Reizoffenheit führt dazu, dass eine Vielfalt von Informationen gleichzeitig aufgenommen werden kann. Dem Betroffenen entgeht so leicht nichts, er nimmt die Umweltreize in großem Ausmaß wahr.

1. Kapitel

- Kinder mit AD(H)S sind neugierig und wissbegierig. Sie bekommen nie genug von neuen Ideen, Projekten und Menschen.
- »Um die Ecke denken« und dabei zu neuen, kreativen Lösungen zu kommen, ist für sie nichts Ungewöhnliches. Da sie sich schnell langweilen, gehen ihre Gedanken leicht andere Wege und prüfen unübliche Ideen.
- Die Impulsivität ist ein Zeichen ihrer Begeisterungsfähigkeit. Ein Kind mit AD(H)S kann blitzschnell und mit großer Empathie reagieren und ist dadurch beim Helfen oft eines der ersten.
- Die Sprunghaftigkeit seiner Gedanken eröffnet ein großes kreatives Potenzial. Ein Kind mit AD(H)S sieht immer wieder neue Aspekte und kann durch seine künstlerische Sicht der Dinge begeistern.
- Die innere Unruhe lässt es unermüdlich an einer Aufgabenstellung arbeiten, wenn es sein muss und interessant ist, auch die ganze Nacht hindurch.
- Die hohe Sensibilität und sein ausgeprägter Gerechtigkeitssinn ermöglichen die Wahrnehmung von Ungerechtigkeiten.
- Die Probleme im sozialen Kontakt mit anderen Menschen, beispielsweise durch impulsive Äußerungen, stärken seine Liebe zur Natur und zu den Tieren.
- Das innere Chaos und die fehlende Daueraufmerksamkeit stehen für eine interessierte Offenheit an allem, was um es herum passiert.
- Die Kontaktfreude lässt den Betroffenen nicht an sozialen Missverständnissen verzweifeln, sondern ermöglicht immer wieder neue Anläufe.

2. KAPITEL

Typische Verhaltensweisen von Jugendlichen mit AD(H)S

Impulsivität

Wenn Jugendliche gedankenlos sind

René ist 15 Jahre alt und hat sich am Wochenende gnädig dazu herabgelassen, an einem zwanglosen Familientreffen mit Oma und Opa teilzunehmen. Seine Eltern sind froh, dass sie ihren Sohn endlich mal wieder den Großeltern präsentieren können. Diese haben sich jahrelang liebevoll um ihren hyperaktiven Enkel gekümmert, bis er in die Pubertät kam und den Kontakt stark reduzierte.

Dabei waren sie stets sehr verständnisvoll. Ohne das Erziehungsverhalten zu kritisieren oder sich besserwisserisch einzumischen, waren sie oft zur Stelle, wenn die Familie unter dem Druck der negativen Auswirkungen der AD(H)S zu zerbrechen drohte. René blieb häufig über Nacht bei Oma und Opa, bis sich die Gemüter wieder beruhigt hatten. Besonders zu seinem Großvater hat René eine gute Beziehung. Die beiden waren früher viel gemeinsam unterwegs, haben lange Gespräche geführt und regelmäßig Radtouren gemacht. Seine Hyperaktivität konnte so immer wieder kanalisiert werden, was dem Jungen sichtlich gut tat. Jetzt sind beide Großeltern etwas traurig, dass sie René nur noch so selten sehen.

2. Kapitel

Umso schöner, dass er beim Familientreffen endlich mal wieder dabei sein möchte. Anfangs läuft alles gut. René ist pünktlich, höflich und verzichtet auf seine neue Slang-Sprache. Als alle gemeinsam bei Kaffee und Kuchen sitzen, kommt das Gespräch auf eine Bekannte der Großeltern, die sich für einen Platz in einem Altenheim interessiert. Ganz allgemein werden das Älterwerden und die damit verbundenen Probleme besprochen. René hört eine Weile zu, während er seinen Kuchen isst. Plötzlich brummt sein Handy und er steht mitten im Gespräch auf und will den Raum verlassen.

Als seine Mutter ihn freundlich fragt, was los ist, tippt René nur kurz auf sein Smartphone: »Muss wen treffen. Wichtig.« Er ist vollkommen abgelenkt und in Gedanken bei der Nachricht. In der Tür dreht er sich noch einmal um und ruft seinem Großvater zu: »Gib' mir dein Rennrad, bevor du ohne Testament ins Gras beißt!« Dann verlässt er den Raum, und kurze Zeit später fällt die Wohnungstür ins Schloss.

Im Wohnzimmer hat sich betretenes Schweigen breit gemacht. Die gedankenlose Taktlosigkeit hat den Großvater schwer getroffen, er ist enttäuscht. Auch Renés Eltern schweigen beschämt. Während René keinen Gedanken mehr an seine Äußerung verschwendet und bereits mit dem Rad unterwegs zu seinem Freund ist, wirken die Schockwellen seiner Bemerkung in der Familie noch lange nach.

Die gelöste Stimmung des Familientreffens ist verloren, die Großeltern hängen ihren Gedanken nach. War der ganze Beziehungsaufbau der letzten Jahre umsonst? Hat der Enkel weder Respekt noch Achtung vor dem Älteren? Basieren die Gefühle von Liebe und Zuneigung nicht auf Gegenseitigkeit? Die Stimmung ist auf dem Nullpunkt. Nach der anfänglichen Schrecksekunde erklärt der Großvater, dass er mit seinem Enkel in der nächsten Zeit nichts mehr zu tun haben möchte.

Am nächsten Morgen, René ist erst spät nach Hause gekommen, greift sein Vater die Situation noch einmal auf. Er hat kaum geschlafen und ist noch immer stocksauer auf seinen Sohn. Er stellt ihn zur Rede. »Warum hast du Opa gestern so beleidigt?«, will er wissen. René ist total überrascht. Er weiß gar nicht, was er falsch gemacht hat und kann seinem Vater nur schwer folgen. »Mann, chill doch!« versucht er ihn zu beruhigen, »Das war doch nur ein Scherz!« Doch damit erreicht er nur das Gegenteil. Nun fühlt sich sein Vater nicht ernst genommen und will unbedingt erreichen, dass René sein kränkendes Verhalten einsieht. Als ihm das nicht gelingt, hagelt es Verbote. »Du kannst deine neuen Turnschuhe vergessen. Wer so respektlos ist, hat auch keine Geschenke verdient.« Das Taschengeld für den Monat wird ebenfalls gestrichen und eine eisige Stimmung zieht ein.

Wütend verlässt René die Wohnung, während seine Mutter erschöpft den Kopf auf den Tisch legt. Mit seiner impulsiven Bemerkung hat René mal wieder richtig ins Schwarze getroffen. Sie weiß, dass er das so gar nicht gemeint hat. Aber warum passiert ihm so etwas immer wieder? Wird er denn nie erwachsen? Sie macht sich große Sorgen, dass René sich mit diesem Verhalten seine ganze Zukunft verbaut. Auch in der Schule eckt er immer wieder an, und mit seinen Freunden streitet er ebenfalls häufig.

Impulsives Verhalten: Was ist passiert?

Jugendliche mit einer AD(H)S sind extrem reizoffen und lassen sich schnell ablenken. Ihr Mangel an Selbststeuerung führt dazu, dass sie auf jeden Impuls sofort reagieren und auch flüchtige Gedanken aussprechen, bevor sie diese auf ihre Wirkung abgeklopft haben. Diese Impulsivität führt zu vielen problematischen Reaktionen, die andere leicht verärgern. Wer von einem Moment zum anderen beleidigt oder ignoriert wird, fühlt sich verletzt und gekränkt.

Der von der AD(H)S betroffene Jugendliche bemerkt meistens überhaupt nicht, was sein Verhalten beim Gegenüber anrichtet. Er ist mit seinen Gedanken längst bei einem neuen Sachverhalt. Während sich beim Gekränkten Wut und Zorn oder eine Kränkung aufbauen, vertieft sich der jugendliche schon längst in eine neue Aufgabe. Diese Impulsivität wird Jugendlichen mit einer AD(H)S sehr häufig negativ ausgelegt, obwohl es eine Begleiterscheinung der Störung ist.

Typische Beispiele für impulsives Verhalten im Alltag sind unter anderem:

- eine Unterhaltung, ein Spiel, ein Telefonat wird einfach unterbrochen.
- Im sozialen Netzwerk wird etwas gepostet, ohne sich um die Folgen Gedanken zu machen.
- Gefühlen wird ungehemmt nachgegeben, zum Beispiel bei Freude oder Kummer.
- Schon kleine Misserfolge können zu heftigen Wutausbrüchen führen.
- Gedanken werden ungefiltert ausgesprochen.
- Handlungen werden ausgeführt, ohne dass die Folgen bedacht werden.

Im Umfeld der Jugendlichen, in der Schule, bei Freunden und in der Familie, werden diese, durch die Impulsivität beeinflussten Situationen, sehr negativ ausgelegt. Es passiert nicht selten, dass die Impulsivität zum Ausschluss aus sozialen Gruppen oder zum Abbruch von Freundschaften führt.

Welche Reaktionen wären gut für René?

Jugendliche mit AD(H)S müssen nach und nach lernen, ihre Impulsivität unter Kontrolle zu bekommen. Emotionale Reaktionen, Vorwürfe und Anschuldigungen verändern das Verhalten nicht, sondern führen nur dazu, dass der Jugendliche sich noch mehr zurückzieht. Der Umgang mit einem impulsiven

Jugendlichen erfordert viel Geduld und Fingerspitzengefühl. Schnell fühlt sich der Betroffene ungerecht behandelt und zu Unrecht beschuldigt.

René versteht die ganze Aufregung um seine Bemerkung nicht. Die wütenden Vorwürfe seines Vaters ändern daran nichts, sie stacheln nur seinen Widerspruchsgeist an. Seine Familie sollte einen Weg finden, René zu vermitteln, warum der Großvater durch die Bemerkung gekränkt wurde. Nur wenn das gelingt, kann René sich für sein Verhalten entschuldigen oder dem Opa zumindest erklären, dass er das nicht so gemeint hat.

Von einer AD(H)S betroffene Jugendliche sind keine gefühllosen Monster, sondern sehr empathische Menschen. Allerdings nicht auf Knopfdruck und nicht jederzeit. René kann also durchaus verstehen, dass er seinen Großvater verletzt hat. Dazu müssen seine Eltern eine Gelegenheit abpassen, bei der René aufmerksam und offen für eine Gespräch ist. Generell ist das bei Jugendlichen nicht immer einfach. In einer entspannten und harmonischen Situation, vielleicht nach einem gemeinsamen Essen, kann ein Gespräch wie folgt beginnen.

Vater: »René, hast du zehn Minuten Zeit, um noch einmal über den Besuch gestern zu sprechen?« Wenn René das verneint, kann er nach einem besseren Zeitpunkt gefragt werden. Stimmt er zu, sollte das folgende Gespräch nicht mit einem Vorwurf beginnen.

Vater: »Vielleicht hast du gar nicht gemerkt, dass Opa ganz schön geknickt war, als du gegangen bist...« Nun kann René erklärt werden, warum das so gewesen ist. Er hat seinen kränkenden Spruch ja nicht absichtlich gesagt, also wird er mit großer Wahrscheinlichkeit nun selber betroffen sein. Vielleicht kommt er selbst auf die Idee, das mit dem Großvater zu klären. Falls nicht, kann hier noch eine sensible Anregung von den Eltern folgen.

Vater: »Ich glaube, Opa würde sich riesig freuen, wenn du mal anrufst und das erklärst.« Und dabei sollten es die Eltern auch belassen. Ob René nun seinen Großvater anruft oder nicht, muss ihm überlassen bleiben.

Im Idealfall entschuldigt sich René und überdenkt sein künftiges Verhalten. Wahrscheinlich klärt er aber lediglich diese Situation und reagiert beim nächsten Mal ebenso impulsiv, denn aus Fehlern lernen von AD(H)S Betroffene nur langsam. Trotzdem ist die Klärung viel Wert, denn so wird die Bindung zwischen den Großeltern und ihrem Enkel nicht zerstört.

Hyperfokussieren

In einer Sache vollkommen aufgehen

Seit die 14-jährige Lena verliebt ist, dreht sich alles in ihrem Leben um Jakob. Es grenzt an Besessenheit, wie sie jeden Teilbereich des Tages mit ihrem Schwarm verbindet. Schon beim Frühstück stochert sie verträumt in ihrem Müsli herum, malt Herzchen in die Haferflocken und lässt dann den halbvollen Teller stehen. Lächelnd und verträumt macht sie sich auf den Weg zum Schulbus. Da kann es schon einmal passieren, dass sie ihren Rucksack mit allen Schulsachen zuhause stehen lässt.

Im Unterricht malt sie Herzen auf ihren Schreibblock und auf ihren Unterarm, anstatt den Ausführungen der Lehrer zu folgen. Hoch konzentriert verfasst sie kleine Liebesbriefe und verziert diese mit künstlerischen Zeichnungen.

Anfangs sind die Eltern ganz begeistert davon, wie konzentriert ihre vergessliche und chaotische Tochter plötzlich wirkt. Doch dann bemerken sie, dass Lena kaum noch andere Dinge im Kopf hat als diesen Jungen.

Die Inhalte des Unterrichts nimmt sie überhaupt nicht mehr auf. An die Hausaufgaben kann sie sich nicht erinnern, meistens erklärt sie, dass sie keine aufhätte. Verbringt sie doch einmal Zeit an ihrem Schreibtisch, dann schmiedet sie Pläne, wie sie Jakob auf sich aufmerksam machen kann. Hoch konzentriert vergleicht sie die Stundenpläne von sich und Jakob, und plant zufällige Treffen beim Bus oder auf dem Schulhof. Lena begeistert sich plötzlich für American Football, weil Jakob diesen Sport ausübt. Stundenlang sucht sie im Internet nach aktuellen Informationen, nur um Jakob nah sein zu können. Oft ist sie dabei überhaupt nicht ansprechbar und reagiert nicht.

Lena gelingt es nicht mehr, ihre Konzentration auch auf andere Bereiche zu lenken. Im Gegenteil, ihre Noten werden immer schlechter, weil sie im Unterricht abschaltet. In ihrem Leben ist für nichts anderes mehr Platz als für Jakob. Sie träumt von einem gemeinsamen Leben und hält die Schule für sinnlose und vertane Zeit. Lenas Eltern sind ratlos. Schließlich können sie den jungen Mann nicht einfach verschwinden lassen. Die Romanze spielt sich auch mehr in Lenas Kopf ab als in der Realität. Wie sollten sie darauf Einfluss nehmen?

Wenn sie mit ihrer Tochter schimpfen, erreichen sie überhaupt nichts. Auch ein Hausarrest, ein langes Gespräch mit den Lehrern und ein Computerverbot bringen nichts. Selbst als sie das Smartphone von Lena eine Weile einziehen, ändert sich an dem Verhalten des jungen Mädchens nichts. Sie wird lediglich sehr wütend auf ihre Eltern und zieht sich noch mehr in ihr Zimmer und ihre eigene Welt zurück.

Dieser Zustand hält einige Wochen an, ohne dass die Eltern etwas ausrichten können. Dann verändert sich Lenas Verhalten plötzlich. Ein Freund von Jakob hat ihr erzählt, dass ihr Schwarm sich für ein anderes Mädchen interessiert. Für Lena bricht eine Welt zusammen. Tagelang verkriecht sie sich in ihrem Zimmer und weint, ist untröstlich, spricht vom Ende ihres Lebens. Ihre positive Lebenseinstellung ist von einer Minute auf die andere gekippt. Sie kann dem Alltag nichts Schönes mehr abgewinnen, zieht sich von allen Aktivitäten zurück. Auch Gesprächen verweigert sie sich, hört exzessiv Musik und schreibt Tagebuch. Erst nach langen sieben Tagen verändert sich Lenas Verhalten, die Fokussierung auf Jakob scheint überwunden. Alle atmen auf, denn nun ist Lena wieder ansprechbar, wenn auch unkonzentriert wie eh und je.

Ähnlich ergeht es Dominik, der allerdings nicht verliebt ist, sondern seine Begeisterung für das Programmieren von Webseiten entdeckt hat. Sobald er von der Schule kommt, wird der Rechner hochgefahren. Dominik »baut« einen eigenen Blog, mit dem er Geld verdienen möchte. Seine Idee begeistert ihn so, dass er jede freie Minute damit verbringt, sie zu verbessern. Langweilig wird Dominik sein Vorhaben nicht, denn er kann sehr kreativ und frei jede neue Idee sofort umsetzen. Anhand von Youtube-Videos lernt er jeden Tag etwas Neues über Webseiten und ihre Möglichkeiten. Dominik ist fasziniert und vertieft sich in seine Idee. Schule, Freunde und Familie sind ihm egal, er hyperfokussiert.

Für einen Jugendlichen mit einer AD(H)S ist es nicht schlecht, sein Talent und sein Interesse auf eine Aufgabe zu konzentrieren, anstatt sein Bedürfnis nach Spannung und Aufregung auf Drogen oder kriminelle Handlungen zu verlagern. Allerdings kann Dominik sich selber keine Grenze setzen, das müssen seine Eltern übernehmen.

Bei Jessica zeigt sich das Hyperfokussieren am deutlichsten, wenn sie liest. Sie ist eine Vielleserin und taucht dann zu 100 Prozent in die Welt des Buches ein. Wenn sie ein Buch anfängt, muss sie es auch zu Ende lesen. Vorher gelingt es ihr nicht, sich einem anderen Thema zuzuwenden. Hausaufgaben oder Vorbereitungen auf die Schule, ein Treffen mit Freunden oder ein Ausflug mit der Familie – nichts interessiert sie, bevor das aktuelle Buch ausgelesen ist.

Hyperfokussiert: Was ist passiert?

Wenn Jugendliche, Kinder oder Erwachsene mit einer AD(H)S sich für ein spezielles Thema interessieren, können sie hoch konzentriert und motiviert dranbleiben. Ist ihr Interesse geweckt, können sie sich so stark mit einem Thema beschäftigen, wie kaum ein Mensch ohne die Störung. Von vielen hochbegabten Genies wird angenommen, dass sie ihre Entdeckungen und Erkenntnisse dem Hyperfokus verdanken, zum Beispiel Einstein, Leonardo da Vinci, Napoleon Bonaparte oder Ludwig van Beethoven. Sie alle vollbrachten außergewöhnliche Leistungen und waren sehr spezielle Persönlichkeiten, die mit großer Wahrscheinlichkeit von einer AD(H)S betroffen waren.

Bei Lena richtet sich der Hyperfokus auf eine andere Person, sie hat sich verliebt. Lena ist nun nicht mehr in der Lage, genug Konzentration für ihren normalen Alltag aufzubringen, obwohl sie voller Energie ist. Doch alles ordnet sich den Gedanken an Jakob unter. Diesen Zustand kann sie aus eigener Kraft nicht lenken oder verlassen. Die Gedanken an Jakob steuern das junge Mädchen wie eine Marionette. Dominik investiert all seine Energie in die Arbeit mit dem Computer, er würde am liebsten auch am Rechner essen und schlafen.

Das Hyperfokussieren ist eine besondere Art der Konzentration, aber sie birgt für Jugendliche auch dramatische Gefahren.

Erstens vernachlässigen sie alles andere, was in ihrem Leben ebenfalls wichtig und notwendig ist. Ganz besonders leiden die schulischen Leistungen darunter, da notwendiges Wissen überhaupt nicht mehr aufgenommen wird. Es scheint, als ob das Gehirn vollkommen damit ausgelastet sei, sich auf ein Thema zu fokussieren. Natürlich zieht dieses Verhalten auf vielen Ebenen Ärger nach sich. Die Lehrer, die Freunde und auch die Familie scheinen den Jugendlichen nicht mehr zu erreichen. Sie sind vollkommen abgemeldet.

Zweitens sind die Ziele des Hyperfokus nicht immer positiv. Viele Jugendliche versinken in Rollenspielwelten, leben in imaginären Gemeinschaften und verlieren den Bezug zur Realität. Der Hyperfokus auf die Online-Welt führt hier schnell in ein Suchtverhalten, aus dem der Jugendliche alleine kaum noch herauskommt.

Drittens sind natürlich auch alle darüber erstaunt, dass sich der von der AD(H)S betroffene Jugendliche plötzlich so gut und intensiv konzentrieren kann. Sie gehen nun davon aus, dass die Unaufmerksamkeit ein gesteuertes, absichtliches Verhalten ist. Jugendliche, die sich im Zustand des Hyperfokussierens befinden, hören häufig solche Sätze wie: » Na also, es geht doch. Du bist einfach nur zu faul, um dich auf die Schule zu konzentrieren. Streng dich doch mehr an!«

Dass sich ein von AD(H)S betroffener Jugendlicher nur dann konzentrieren kann, wenn vorher schon eine hohe Motivation vorhanden ist, wird dabei vollkommen übersehen. Auf diese Motivation haben die Jugendlichen allerdings keinen Einfluss und können sie auch nicht bewusst herstellen oder steuern. Viele Jugendliche haben Spezialgebiete, die sie begeistern und bei denen sie aufmerksam und konzentriert bei der Sache sind. Sich zu verlieben, gleicht so einem Spezialgebiet. Die Interessen des anderen werden übernommen und den eigenen Vorlieben untergeordnet. Für alles andere ist dann keine Energie und Kraft mehr übrig.

Der Zustand des FLOW, also des völligen Aufgehens in einer Aufgabe mit dem Verlust des Zeitgefühls, ist vielen kreativen Menschen bekannt. Die Abgrenzung zur Fokussierung bei einer AD(H)S ist schwierig. Beide Zustände sind vergleichbar, die Jugendlichen mit einer AD(H)S haben jedoch kaum Einfluss auf Anfang und Ende des Zustands. Sie müssen fast mit Zwang aus den Situationen gelöst werden.

Typische Beispiele von Hyperfokussion (Überkonzentration) sind:

- die vollkommene, tagelange Vertiefung in ein packendes Videogame
- ungebremste Energie, die sich auf ein Thema richtet, beispielsweise eine Sportart

- absolute Begeisterung für das Spielen eines Instruments, die Tag und Nacht umgesetzt wird
- endlos puzzeln, stricken oder basteln, ohne sich für etwas anderes öffnen zu können
- dauernde, gedankliche Beschäftigung mit einem Thema, sodass keine Unterhaltung über etwas anderes möglich ist
- grenzenlose Begeisterung für technisches Wissen, die jeden anderen Bereich ausgrenzt

Perseveration (Hängenbleiben)

Manche Wissenschaftler, beispielsweise der amerikanische Psychologe Russell Barkley, vermuten, dass das Hyperfokussieren eher einen Vorgang der Perseveration darstellt. Damit wird ein nicht steuerbares Haftenbleiben von Gedanken an ein besonderes Ereignis bezeichnet. Betroffene können sich gedanklich nicht lösen und wiederholen Wörter oder Vorgänge unangemessen oft. Sie leiden unter diesem Zustand, besonders wenn ein und derselbe Gedanke zu einem Dauergrübeln führt, das sie nicht abstellen können. Für Russel Barkley ist die Perseveration des Denkens eine Begleiterscheinung der AD(H)S.

Welche Reaktion stoppt den Hyperfokus?

Lena selber bemerkt nicht, wenn sie sich in dem Zustand des Hyperfokussierens befindet. Sie vergisst einfach alles um sich herum, möchte sich nur noch mit einer Sache beschäftigen. Aufforderungen und Vorwürfe erreichen das Mädchen nicht. Argumente oder Verbote verändern nichts, sondern belasten nur das Verhältnis zwischen Eltern und Tochter.

Falls Lena diesen Zustand bereits von früher kennt, wäre hier ein Ansatzpunkt. Jugendliche mit einer AD(H)S hyperfokussieren immer wieder mal bei den unterschiedlichsten Gelegenheiten. In einem Gespräch, wenn Lena aufnahmebereit ist, könnten die Eltern darauf Bezug nehmen. Dazu müssen sie eine Gelegenheit abwarten, bei der Lena gedanklich nicht bei Jakob ist. Das gemeinsame Essen eignet sich gut dafür, denn das Grundbedürfnis Hunger lockt selbst hyperfokussierende Jugendliche aus ihrer Gedankenwelt.

Lenas Eltern könnten ohne einen Vorwurf die derzeitige Situation schildern und dabei an frühere Erlebnisse erinnern. »Lena, wir haben das Gefühl, du bist gedanklich sehr stark mit etwas beschäftigt. Das wirkt auf uns ebenso intensiv, wie deine unregelmäßige Begeisterung für das Basteln von Armbändern. Kannst du da eine Parallele erkennen?«

Nun kann Lena schildern, was sie beschäftigt und wie sich dieser Zustand für sie anfühlt. Aber Achtung: Jede Kritik kann sofort dazu führen, dass das Gespräch von Lena abgebrochen wird. Hier sollten Eltern unbedingt ihr Ziel im Blick behalten – nämlich das Kontrollieren des Hyperfokussierens. Ob Jakob nun ein passender Freund ist oder nicht, steht nicht zur Debatte.

Erkennt Lena Parallelen, ist schon viel gewonnen. Jetzt ist sie eventuell auch offen für die negativen Auswirkungen auf ihre schulischen Leistungen. Vielleicht lässt sie sich dann auf eine Wecker-Lösung ein, die zumindest zuhause das Lernen erleichtert. Zu einer bestimmten Uhrzeit, wenn die Hausaufgaben gemacht werden müssen, klingelt ein Wecker. Der soll Lena aus ihrer Konzentration für Jakob lösen. Lena kann sich so selber kontrollieren und wird nicht von den Eltern kontrolliert. Gerade Jugendliche, die sich in einem Ablösungsprozess befinden, lehnen eine Bevormundung kategorisch ab.

Wenn Jugendliche mit einer AD(H)S sich in einer Phase der Hyperfokussierung befinden, birgt das auch Gefahren. Im Falle von Lena könnte die Enttäuschung über ihren Schwarm Jakob zu einer Form von Depression führen. Es ist wichtig, dass die Eltern oder Erziehungsberechtigten gleichermaßen Abstand wahren und die Entwicklung im Auge behalten. Erkennen sie

Symptome einer Depression (Abbruch aller Kontakte, totaler Rückzug, massives Weinen, Antriebslosigkeit, Suizidgedanken) muss unbedingt ein Facharzt eingeschaltet werden.

Hyperaktivität wandelt sich zur inneren Unruhe

Sven ist seit seiner Geburt hyperaktiv und hält seine Familie in Bewegung. Eine gemeinsame Mahlzeit ohne Unterbrechungen gab es während seiner Kindheit nicht. Für den hyperaktiven Jungen war es schwierig, länger als für die Dauer seines Essens am Tisch zu sitzen. Und manchmal gelang auch das nicht. Kaum hatte er seine Mahlzeit verspeist, wurde er unruhig und sprang auf. Er konnte nicht auf die anderen Familienmitglieder warten, musste sich bewegen und beschäftigen. Dieses Verhalten zeigte Sven auch in anderen Situationen.

Er hüpfte beim Fernsehen auf dem Sofa herum, bei Gesellschaftsspielen verließ er häufig die Gruppe, und im Unterricht fiel er immer wieder durch störendes Verhalten auf. Sven gab seinem starken Bewegungsdrang nach, so oft es ging. Das war für alle Beteiligten sehr anstrengend und führte dazu, dass sich die Familie immer mehr aus der Öffentlichkeit zurückzog.

Seit Sven, inzwischen 16 Jahre alt, in der Pubertät ist, hat sich das hyperaktive Verhalten zur Freude aller sehr verbessert. Er kann inzwischen viel länger ruhig an einem Ort bleiben, muss nicht ständig herumlaufen oder sich bewegen. Die motorische Unruhe hat sich weitgehend gelegt und Svens Schwierigkeiten in der Schule sind dadurch weniger geworden. Ständige Ermahnungen der Lehrer oder Klassenverweise kommen kaum noch vor.

Seine Konzentrationsfähigkeit hat sich jedoch nur unwesentlich gebessert und er muss sich sehr anstrengen, um dem Unterricht zu folgen oder für eine Arbeit zu lernen. Außerdem entwickelt er zunehmend Einschlafprobleme und fühlt sich oft tagelang innerlich zittrig. Er hat dann das Gefühl, unter Strom zu stehen und den Schalter zum Ausmachen nicht zu finden. Dieses Getrieben Sein hindert ihn daran, sich auf die notwendigen schulischen Aufgaben zu konzentrieren. Sven ist in Gedanken ständig woanders. Dabei spielt er gerne an seinem Kugelschreiber herum, damit seine Finger beschäftigt sind, oder lässt die Fingergelenke knacken. Warten fällt ihm weiterhin schwer, aber er hat gelernt, sich nach außen hin zu beherrschen.

Hat Sven als Kind noch häufig Probleme wegen seiner motorischen Unruhe bekommen, so haben sich die Reaktionen von Freunden und Lehrern inzwischen verändert. Immer wieder kommt Sven in Situationen, in denen seine geistige Abwesenheit auffällt und Irritationen hervorruft. Die innere Unruhe wird schnell als aktives Desinteresse ausgelegt. Freunde oder Gesprächspartner fühlen sich gekränkt und nicht wertgeschätzt, wenn Sven nach wenigen Sätzen den Blickkontakt auflöst und merkbar abwesend wirkt.

Was Sven wirklich belastet ist das Gefühl, so anders zu sein. Um diese Situationen zu vermeiden, trinkt Sven gern das ein oder andere Bier und ist auch einem Joint gegenüber nicht abgeneigt. Alkohol und Cannabis wirken dämpfend und ermöglichen es Sven, seine innere Unruhe abzustellen. Er »schießt sich ab«, wie er dann erklärt, um endlich mal zur Ruhe zu kommen.

Was geht in Sven vor?

Die Hyperaktivität als Teil der Störung hat sich bei Sven von einer äußeren zu einer inneren Unruhe gewandelt. Das ist bei einer AD(H)S keine Seltenheit, denn vielen Jugendlichen gelingt es, ihr Verhalten in der Pubertät besser zu steuern. Sie gehen mit der Problematik bewusster um und übernehmen für ihr Verhalten die Verantwortung. Auch Sven gelingt es mit der Pubertät immer besser, nicht mehr durch störenden Bewegungsdrang aufzufallen. Wenn Kinder jedoch langsam ruhiger werden, denken ihre Freunde und Bekannten, die AD(H)S wäre jetzt ausgestanden. Die offensichtliche Unfähigkeit zur Konzentration scheint beseitigt zu sein. Die noch vorhandene Beeinträchtigung wird nicht mehr als solche akzeptiert.

Die innere Unruhe ist allerdings viel schwieriger zu kommunizieren als der äußere Bewegungsdrang. Nach außen hin scheint alles in Ordnung zu sein und der Betroffene wird mit den gleichen Maßstäben gemessen wie ein Nicht-Betroffener. Innerlich kämpft er aber weiterhin mit seiner Unruhe, seiner nachlassenden Aufmerksamkeit und dem Impuls, sich anderen Reizen zuzuwenden.

Was kann Sven helfen?

Besonders schwierig ist es, wenn Jugendliche nicht wissen, was in ihnen vorgeht. Der erste Schritt zu einer Verbesserung ist daher Aufklärung und Information. Sven muss wissen, warum er sich so verhält. In einem zweiten Schritt ist natürlich auch die Aufklärung seiner Mitmenschen wichtig. Betroffene sollten so früh wie möglich klarstellen, dass sie sich unruhig fühlen (auch wenn das nach außen nicht auffällt) und leicht ablenkbar sind. In einem Gespräch mit Freunden kann auf diesen Zustand immer wieder hingewiesen werden. »Entschuldige, aber gerade kann ich dir nicht mehr folgen. Ich bin abgelenkt, was hast du gesagt?«

In anderen Situationen wie im Unterricht oder bei einer Spielrunde kann sich der Betroffene seiner Unruhe bewusst werden und lernen, sie zu akzeptieren. Eine kurze Auszeit, vielleicht eine Toilettenpause oder eine stille Atemübung kann die Konzentration wieder herstellen. Vielen Betroffenen hilft es zu singen. Manche singen oder summen unbewusst den ganzen Tag, weil es sie entspannt. Es kann also sehr hilfreich sein, die innere Unruhe durch die Beschäftigung mit Musik und Gesang im Zaum zu halten.

Auch Atemübungen sind gut geeignet, denn sie können unauffällig in nahezu jeder Situation angewendet werden. Dazu wird beispielsweise einfach die Hand auf den Bauch gelegt. Nun spürt der Betroffene dem Atem nach, konzentriert sich auf das Heben und Senken der Hand. Mit ein wenig Übung können auch von einer AD(H)S Betroffene die Methode nach kurzer Zeit erfolgreich anwenden.

Wo immer es möglich ist, sollte also die Chance einer Pause genutzt werden, um wieder neue Kraft zu tanken. Dabei ist Bewegung hilfreich. Liegestütze, ein Treppenhaus hoch und runter laufen, aber auch herzliches Lachen baut die Unruhe ab.

Hypoaktivität

Mit allem zufrieden

Nele ist 14 Jahre alt und in der siebten Klasse einer Realschule. Sie ist ein stilles Mädchen, das als Kleinkind vollkommen unproblematisch war. Nele konnte sich immer beschäftigen, war selten ungeduldig und stellte wenig Forderungen. Allein gelassen, fand sie immer etwas, womit sie sich beschäftigen konnte. Jeder Stein am Wegrand, ein Stift in der Hosentasche oder ein vorbeifliegender Schmetterling regte ihre Fantasie an. Sie konnte auch stundenlang versunken in ihrem Zimmer spielen, ohne sich bemerkbar zu machen.

In der Grundschule fiel Nele kaum auf, denn sie hielt sich stets still im Hintergrund. Ärger mit Lehrern oder Schulfreunden kannte sie nicht. Ihre Vergesslichkeit und das langsame Lernen schoben die Eltern auf eine Entwicklungsverzögerung. »Das Kind ist ein Spätzünder, das wird schon«, beruhigten sie sich, wenn Nele mal wieder vergessen hatte, dass sie zu einem

Geburtstag eingeladen war. Massiver wurden die Probleme, als Nele in die Pubertät kam. Jetzt brachen ihre Leistungen ein. Nele konnte ihr Potenzial nicht mehr ausschöpfen, wurde immer chaotischer und verlor sich in der Unfähigkeit, die Anforderungen der verschiedenen Lehrer zu erfüllen. Die geforderte Selbstständigkeit, die sich stark vom Unterrichtsstil der Grundschule unterschied, konnte Nele nicht erbringen.

Auf Anraten der Schule hat Nele die sechste Klasse wiederholt. Doch geändert hat die Klassenwiederholung kaum etwas. Nele ist noch immer verträumt, spricht wenig und hat keine festen Kontakte in der Klasse. Ihre Lehrer bezeichnen sie als geistig abwesend, es gelingt nur selten, sie für die Themen des Unterrichts zu interessieren. Im Unterricht sagt sie weiterhin wenig, die Klassenarbeiten schafft sie gerade so und ihre unaufmerksame Art bringt sie besonders bei sozialen Kontakten oft in Schwierigkeiten. Nele bekommt Absprachen in der Klasse nicht mit, verträumt den Unterricht und ist in Gedanken oft in einer Fantasiewelt. Sie ist sehr leicht beeinflussbar und wird immer wieder von den Klassenkameraden auf den Arm genommen, weil sie in ihrer gutmütigen Art zu allem Ja sagt. Darunter leidet das sensible Mädchen. Immer öfter klagt sie morgens über Bauchschmerzen und möchte nicht in die Schule gehen.

Im Alter von 13 Jahren wurde bei Nele ein Test auf eine AD(H)S durchgeführt. Das Ergebnis war eindeutig. Neles Verhalten zeigt alle Symptome eines Aufmerksamkeitsdefizits-Syndroms ohne Hyperaktivität. Das junge Mädchen ist trotz guter Intelligenz extrem unaufmerksam, sehr sensibel und leidet seit der Pubertät auch unter depressiven Verstimmungen. Zunehmend fühlt sie sich von den anderen ausgegrenzt, weiß nicht, wohin sie gehört und zieht sich dann traurig in sich zurück.

Seit ihre Klassenkameraden und Freundinnen in der Pubertät sind, fällt Neles Anderssein immer deutlicher auf – auch ihr selbst. Ihre Unzufriedenheit lässt sie zu Hause raus, die Konflikte mit den Eltern nehmen zu. Ihre eigenen Ziele, bessere Noten und viele Freunde, kann sie nicht erreichen. Der Abstand zwischen ihrem eigenen Anspruch an sich selbst und dem Erreichen dieser Ansprüche wird immer größer. Nele ist verzweifelt, denn nichts möchte sie lieber, als genauso zu sein wie alle anderen.

Neles Eltern machen sich große Sorgen, wie es mit ihrer Tochter weitergeht. Sie wissen überhaupt nicht mehr, wie sie Nele helfen können. Jeder Versuch endet mit Vorwürfen, innerem Rückzug und manchmal sogar mit der Androhung von Selbstmord. Und die Schulnoten werden auch immer schlechter.

Was passiert mit Nele?

Bei einer ganzen Reihe von besonders Mädchen, fällt eine AD(H)S erst in der Pubertät auf. Besonders der verträumte Typus kommt in der Regel noch gut durch die Grundschule, denn die klaren Strukturen kommen ihm entgegen. Außerdem können die Eltern ihr Grundschulkind noch intensiv unterstützen. Je mehr Selbstständigkeit dann mit der weiterführenden Schule gefordert wird, desto weniger können sich Betroffene organisieren. Hinzu kommen die körperlichen und seelischen Veränderungen, mit denen Mädchen mit dem Aufmerksamkeitsdefizit-Syndrom schnell überfordert sind. Die betroffenen Mädchen bekommen das Gefühl, dass nichts mehr klappt und niemand sie mehr mag. Die ganz normalen Veränderungen von Pubertierenden werden als extrem stark wahrgenommen.

Das hängt vermutlich mit den sich verändernden Hormonen, besonders dem Östrogen, zusammen. Die weiblichen Sexualhormone Östrogen und Progesteron stehen in Wechselwirkung mit den Neurotransmittern Dopamin und Serotonin. Diese Zusammenhänge sind aus vielfältigen Erfahrungsberichten bekannt aber noch nicht erforscht![14]

---

14 https://sites.google.com/site/drmartinwinkler/adhsundpubertaet

Häufig werden unter anderem die folgenden Anzeichen bei Mädchen mit ADS ohne Hyperaktivität in der Pubertät beobachtet. Die Zuordnung zu dem Syndrom ist schwierig, denn viele Verhaltensweisen können auch anderen Ursachen zugeordnet werden.

- niedriges Selbstwertgefühl
- häufiges Traurig- oder Ängstlichsein
- Probleme werden mit sich selbst ausgemacht
- Manifestierung der Probleme durch Daumenlutschen, Nägelbeißen, unnatürliches Essverhalten
- ausgeprägtes prämenstruelles Syndrom
- Selbstvorwürfe
- Stimmungsschwankungen
- lethargisches Verhalten
- passiv, scheu

Wie kann Nele geholfen werden?

Gerade in der schwierigen Zeit der Pubertät brauchen Jugendliche mit AD(H)S oder einer ADS verlässliche Begleiter, die ihnen den Rücken stärken. Jetzt kann eine Therapie sehr hilfreich sein, weil der Jugendliche immer besser in der Lage ist, sein Verhalten distanziert zu betrachten. Gemeinsam mit einer Vertrauensperson können verschiedene Verhaltensoptionen besprochen und ausprobiert werden.

Medikamente und Therapien können helfen

Natürlich ist eine Medikation nach Abklärung durch den erfahrenen Arzt eine Möglichkeit, Nele zu unterstützen. Ebenso wichtig ist es auch, dass Nele über ihre Situation spricht und sie versteht. Sie benötigt einen Mentor, dem sie ihre Sorgen und Nöte anvertrauen kann. Der gemeinsam mit ihr nach

Lösungen sucht und hilft, den Alltag zu bewältigen. Auch eine Gesprächs- oder Verhaltenstherapie könnte Besserung bringen und Nele dabei helfen, ihr Verhalten positiv zu beeinflussen.

Schulerfolg durch Nachhilfe

Ein wichtiges Standbein für junge Erwachsene ist zweifellos auch der Schulerfolg. Wenn Nele neben den sozialen Problemen auch noch einen Schulwechsel oder Klassenwechsel bewältigen muss, kann sich das negativ auswirken. Gerade in der Pubertät scheint eine schulische Begleitung durch eine neutrale Person sinnvoll zu sein. Die Eltern eignen sich jetzt nicht mehr als Nachhilfelehrer, denn die emotionale Nähe beim Lernen führt fast unausweichlich zu massiven Auseinandersetzungen. Besser ist eine erfahrene Fachkraft, eventuell auch ein klar strukturierter Student oder eine Studentin, die sich auf den Lernbereich konzentrieren.

Erfahrung mit einer AD(H)S, beziehungsweise Wissen über die Störung sollten vorhanden sein. Für die Suche nach einem geeigneten Nachhilfelehrer oder Lerncoach sollten sich die Eltern Zeit nehmen, da die Qualität der Beziehung zwischen Jugendlichem und Lehrer große Auswirkungen auf den Lernerfolg hat. Lehnen die Jugendlichen ihren Nachhilfelehrer ab, lassen sie sich nicht auf den Lernprozess ein. Stimmt die Beziehung hingegen, sind schnell Fortschritte zu erkennen.

Chaos und Unordnung

Der Bombeneinschlag im Zimmer

In Biancas Zimmer sieht es wie nach einem Einbruch aus, jeder Zentimeter ist bedeckt, der Boden ist kaum zu sehen. Sie ist extrem unordentlich. Halb leer gegessene Teller, Krümel und gebrauchte Unterwäsche liegt herum, der Schreibtisch ist zugestellt und beim »Aufräumen« schiebt sie einfach alles unter das Bett.

Für Kinder, Jugendliche und Erwachsene ist das Aufräumen des Zimmers oder der Wohnung ein Dauerbrenner. Was bei einem Grundschulkind noch nachsichtig betrachtet wird, kann sich in der Pubertät zum Dauerkonflikt entwickeln. So wie bei Bianca, die mit ihren 13 Jahren eigentlich längst selbst für die Ordnung in ihrem Zimmer zuständig ist. Doch ohne die regelmäßige Hilfe der Eltern klappt das überhaupt nicht.

Dabei fühlt sich Bianca in einem unordentlichen Zimmer gar nicht wohl. Das Chaos um sie herum verstärkt sogar noch ihre Konzentrationsschwäche, es spiegelt die Unordnung in ihrem Kopf wider. Neben herumliegenden Büchern, Schmuck, Hosen und Pullovern oder Stiften und CDs findet sich auch immer wieder altes Essen. Reste von Äpfeln oder Nüssen, Bananenschalen oder Krümel von Müsliriegeln, aber auch ein Teller mit verkrusteten Spaghetti-Resten oder halbleere Gläser mit Apfelsaft sind keine Seltenheit. Ihre Bücher und Mappen sind dreckig und zerknickt, die Stifte und Hefte unvollständig, ihre Kleidung liegt durcheinander im ganzen Raum verteilt – ausgezogen und fallengelassen. Hilflos steht Bianca mitten in ihrem Zimmer und weiß nicht, wie sie das Chaos in den Griff bekommen soll. Freunde mag sie gar nicht einladen, denn für das Chaos schämt sie sich.

Wenn sie mit dem Aufräumen beginnt, kommt sie vom Hundertsten ins Tausendste. In jedes Heft muss sie hineinsehen, die Notizen auf den Zetteln lesen und noch schnell die neue Hose anprobieren. Wenn ihr dann der Tablet-PC in die Finger fällt, ist sowieso alles vorbei. EMails abrufen oder noch rasch mit der letzten App spielen, im Handumdrehen hat sie vergessen, dass sie eigentlich aufräumen wollte. Damit ist der nächste Konflikt schon vorprogrammiert, denn sie hat ihrer Mutter versprochen, endlich weiterzukommen.

2. Kapitel

Das Chaos und die Unfähigkeit zum Aufräumen bleiben nicht auf Biancas Zimmer beschränkt. Auch im Rest der Wohnung bleibt alles so liegen, wie sie es fallenlässt. Auch wenn sie sich vornimmt, ihre benutzten Teller immer gleich in die Spülmaschine zu räumen, kommt doch regelmäßig etwas dazwischen. Und wenn dann wieder Zeit wäre, hat Bianca ihr Vorhaben längst vergessen. Auch ihr Schulrucksack gleicht einem Papierkorb, in dem sich zerknüllte Arbeitsblätter und verkrustete Butterbrote sammeln. Kein Wunder, dass sie nur selten alle Hausaufgaben machen kann, weil wichtige Arbeitsblätter immer wieder fehlen.

Leider lässt auch ihr Ordnungssinn im Badezimmer zu wünschen übrig, was manchmal besonders ärgerlich ist. Wenn Bianca Zähne putzt, ist sie in Gedanken schon wieder so weit weg, dass sie die ausgespuckte Zahnpasta nicht entfernt. Ihre benutzten Handtücher hängen nicht auf der Heizung und sie vergisst auch immer wieder, die Toilette ordentlich abzuspülen und sauberzumachen. Es wäre ein Leichtes, die dreckige Kleidung gleich in den Wäschekorb zu legen, aber auch das gelingt Bianca nur selten.

Warum ist Bianca so unorganisiert?

Die Unfähigkeit, Ordnung zu schaffen und zu halten, ist fast allen Betroffenen mit einer AD(H)S gemein. Ihre sprunghafte Aufmerksamkeit führt dazu, dass sie vieles anfangen und nicht zu Ende bringen. Immer wieder werden neue Dinge in die Hand genommen, weil damit eine Absicht verbunden ist, und dann einfach weggelegt, weil ein neuer Gedanke eine andere Handlung erfordert. So können Kinder und Jugendliche ein aufgeräumtes Zimmer innerhalb von wenigen Stunden in eine chaotische Räuberhöhle verwandeln. Manchmal nehmen sie dieses Chaos gar nicht mehr wahr, oft stören sich Jugendliche aber auch selber daran. Sie würden gerne strukturierter und ordentlicher wirken, als sie sind. Besonders wenn es um einen Besuch von Freunden geht.

Vermutlich sind viele Erwachsene, die mit dem Begriff Messie (Vermüllungs-Syndrom) bezeichnet werden, von einer AD(H)S betroffen. Innerhalb von engen Strukturen, beispielsweise einer strengen Ordnung im Beruf, gelingt das Ordnung Halten. Mit einem Haushalt alleingelassen, versagen sie jedoch. Termine einhalten, den Wäscheberg beherrschen, das tägliche Aufräumen und das Wiederfinden von Dingen fällt ihnen sehr schwer. Ihr Zeitmanagement ist so gut wie nicht vorhanden, sie bringen nur wenig zu Ende und erledigen Wichtiges auf den letzten Drücker. Schreibtische von Erwachsenen mit einer AD(H)S sind meistens voller Papiere, auch auf dem Boden bilden sich Aktenberge und kleine Notizzettel erinnern an Termine. Im Großen und Ganzen ist ihre Organisationsfähigkeit stark eingeschränkt.

Was kann Bianca helfen?

Bianca ist (noch) nicht in der Lage, ihr Zimmer und ihren Schulranzen selbstständig in Ordnung zu halten. Anders als Jugendliche ohne eine AD(H)S benötigt sie Hilfe, um ihr inneres und äußeres Chaos zu bändigen. Da Bianca selber gerne ordentlicher wäre und ihr Problem einsieht, kann sie Hilfe und Unterstützung gut annehmen. Gemeinsam mit ihren Eltern kann sie einen Plan entwickeln, der ihr beim Ordnung Halten hilft. In regelmäßigen Abständen, die nach und nach größer werden sollten, lässt Bianca sich beim Einhalten der Pläne und beim Aufräumen helfen.

Die folgenden Hilfestellungen haben sich bei Jugendlichen mit AD(H)S bewährt und ihnen das Ordnung Halten erleichtert.

- Aufgaben in überschaubare Portionen zerlegen. Nicht generell »Zimmeraufräumen«, sondern eine Liste erstellen und

schritt für schritt abarbeiten: »Wäsche einsammeln und ins Bad bringen«, »Bücher ins Regal stellen«, »Schreibtisch leer räumen«, »Blumen gießen« und »Schuhe in die Schuhkammer bringen«.
- Zentrale Aufgaben mit einem Zettel markieren und den Zettel erst abreißen, wenn die Aufgabe erledigt ist.
- Vor dem richtigen Aufräumen die Dinge grob nach Thema zu Häufchen ordnen.
- Ein System mit Kisten und Ordnern entwickeln, in die schnell das Entsprechende hineingeworfen werden kann.
- Täglich aufräumen, aber jeweils nur 5 oder 10 Minuten (mit Eieruhr).

Jugendliche mit einer AD(H)S brauchen viel länger Unterstützung beim Aufräumen als andere. Druck und Streit sind keine Lösung des Problems, weil das ungeliebte Thema so noch gewichtiger wird. Besser ist es, mit dem Jugendlichen zusammen eine Struktur der Ordnung zu entwickeln, und diese anfangs auch gemeinsam anzugehen. Lob und Anerkennung für kleine Zwischenerfolge sind wirksamer als Strafen und ständige Auseinandersetzungen über die Unordnung. Ohne Geduld und liebevolles Erinnern klappt das Aufräumen nicht.

Vergesslichkeit: Wo ist denn mein Schlüssel?

Ein Spruch, der den 15-jährigen Fabian schon seit seiner Kindheit begleitet, lautet: »Irgendwann vergisst du noch mal deinen Kopf!« Schon als Grundschüler musste seine Mutter regelmäßig den Ranzen überprüfen, ob Fabian auch alles eingepackt hatte. Sportzeug oder Malsachen, die richtigen Bücher und das Frühstück blieben nur zu gerne zu Hause liegen. Fabian ging auch schon mal gerne in Pantoffeln los oder vergaß, wie man sich die Schuhe zubindet.

Die Hoffnung von Fabians Eltern, dass sich die Vergesslichkeit mit zunehmendem Alter legen würde, hat sich nicht erfüllt. Auch mit dem Wechsel in die 5. Klasse war es Fabian nicht gelungen, sich besser zu konzentrieren. Immer noch und immer wieder vergisst er seine Hausaufgaben, oder vergisst sogar, dass er sie gemacht hat. Nun wiederholt er die 8. Klasse einer Realschule und braucht noch immer Hilfe, wenn er keine Termine oder Aufgaben und Verabredungen vergessen will. Das erstreckt sich auf den gesamten Alltag.

Seine Klassenkameraden sind inzwischen so selbstständig, dass sie die Unterstützung ihrer Eltern bei organisatorischen Dingen immer weniger benötigen. Fabian hingegen vergisst Elternbriefe weiterzuleiten, verlegt seine Bücher, kann sich an das Datum der Klassenfahrt nicht erinnern und verliert regelmäßig seine Handschuhe, Schals und Mützen.

Fabian vergisst leider auch Klassenarbeitstermine und ist regelmäßig überrascht, wenn es heißt »Hefte raus, wir schreiben einen Test.« Da er sich auch nicht vorbereitet hat, sind schlechte Noten keine Seltenheit. Natürlich ärgert sich der 15-Jährige, wenn ihm mal wieder eine wichtige Arbeit »entfallen« ist. Trotzdem gelingt es ihm nicht, sich besser zu konzentrieren und zu erinnern. Besonders bei alltäglichen Dingen, die nicht aufregend oder spannend sind, kann er seine Gedanken einfach nicht zusammenhalten. Routine und Gleichmäßigkeit sind nicht attraktiv genug, um es bis in Fabians Gedächtnis zu schaffen. Er langweilt sich schnell, träumt dann weg und überhört wichtige Informationen.

Es gibt Phasen, in denen es besonders schlimm ist. Dann nervt Fabian seine ganze Familie. In diesen Phasen kann es passieren, dass er ständig vergisst, was er gerade machen wollte. Im Bad liegt dann noch seine unbenutzte Zahnbürste mit Zahnpasta, weil auf dem Handy eine Nachricht kam und er unverzüglich in sein Zimmer gerannt ist. Das Heft mit der Korrektur einer Klassenarbeit bleibt auf dem Schreibtisch liegen und der Müll wird natürlich auch nicht, wie versprochen, mit hinaus genommen.

Hat Fabian früher klaglos akzeptiert, dass seine Eltern ihn an Wichtiges erinnern, so ist er jetzt regelmäßig davon genervt. Schließlich möchte der Jugendliche endlich selbstständig sein und sich nicht mehr von seinen Eltern hereinreden lassen. Doch jeder Versuch, Fabian sich selber zu überlassen, endet mit einer Enttäuschung. Immer wieder verlässt er die Wohnung ohne seinen Schlüssel, weil er ihn mal wieder nicht finden kann. Auch die Monatskarte für den Bus, das neue Smartphone oder das Geld für die Klassenkasse bleiben oft zuhause liegen.

Fabians Eltern sind gleichermaßen genervt und besorgt. Im Vergleich zu gleichaltrigen Jugendlichen fehlt bei Fabian noch viel, um selbstständig durchs Leben gehen zu können. Ständig sind sie in Gedanken bei ihrem Sohn und kontrollieren, ob er auch nichts vergessen hat. Immer öfter arten ihre gut gemeinten Erinnerungsversuche in heftige Auseinandersetzungen aus. Fabian fühlt sich wie ein Kleinkind behandelt und schreit seine Eltern auch mal an, wenn sie ihn an etwas erinnern. Einerseits hasst er seine Vergesslichkeit, andererseits will er sich nicht eingestehen, dass er Unterstützung benötigt. Es scheint, als ob Fabian und seine Eltern in ihren Verhaltensmustern feststecken.

Warum kann Fabian so schlecht erinnern?

Die phasenweise sehr hohe Vergesslichkeit ist ein klassisches Symptom von einer AD(H)S. Geschuldet ist dieses Verhalten der Reizfilterschwäche. Am Beispiel von Fabian wird dies sehr gut deutlich. Ist der 15-Jährige ausgeglichen und entspannt, gelingt es ihm besser, seinen Alltag zu organisieren. Steht er jedoch unter Stress, zum Beispiel unter Zeitdruck, kann er sich schlechter auf das konzentrieren, was er gerade angefangen hat. Jeder Reiz, sei es ein Handy-Klingelton, eine spontane Idee oder eine Frage, bringt ihn auf einen neuen Gedanken. Diese

Gedanken kann Fabian nur schlecht zurückdrängen, er empfindet das starke Bedürfnis, ihnen nachzugeben.

Jugendliche mit AD(H)S hüpfen quasi von Gedanke zu Gedanke und verlieren auf diesem Weg die Bindung an das, was sie gerade gemacht oder gedacht haben. Sie können Erinnerungen nicht gut abrufen, machen viele Flüchtigkeitsfehler und verdrehen gerne Buchstaben oder Nummern. Besonders extrem fällt dieses Verhalten beim Surfen im Internet oder beim Arbeiten mit dem PC auf. Beinahe minütlich werden die E-Mails gecheckt und interessant erscheinende Links in Texten werden munter angeklickt. So kann es durchaus passieren, dass eine Recherche für ein Referat keinerlei Ergebnisse bringt, weil der Jugendliche im Internet von Thema zu Thema gewandert ist, und seine ursprüngliche Absicht vollkommen vergessen hat.

Typisch ist auch, in E-Mails oder Chats viel zu schnell zu schreiben und abzusenden, sodass wichtige Informationen fehlen und in weiteren, hektischen Posts nachgesendet werden. Mails werden nicht durchgelesen, bevor sie abgeschickt werden und impulsive, spontane Posts in sozialen Netzwerken können zu viel Ärger führen.

Was kann Fabian helfen?

Ganz ohne Unterstützung der Eltern kann Fabian seine Vergesslichkeit nicht in den Griff bekommen. Die Hilfe sollte jedoch langsam in Richtung »Hilfe zur Selbsthilfe« gelenkt werden, denn irgendwann muss Fabian seinen Alltag auch alleine meistern können.

Wie bei jedem anderen auch, der unter Vergesslichkeit leidet, sind kleine Alltagshelfer neben klaren Strukturen die besten Hilfsmöglichkeiten.

Klare Strukturen und Rituale helfen dabei, ständig wiederkehrende Prozesse zu automatisieren. Wenn Fabian sich angewöhnt, seinen Schlüssel immer an den gleichen Ort zu legen, wird er ihn nicht mehr so oft suchen. Das gleiche gilt natürlich auch für Monatskarten, Schulbücher, Telefonnummern, seine Geldbörse und das Taschenmesser. Je mehr Ordnung Fabian in sein Leben bringt, desto weniger muss er suchen. Das wird ihm auch später zu Gute kommen, wenn er eine Ausbildung beginnt oder eine eigene Wohnung bezieht.

Um wichtige Termine nicht zu vergessen, eignen sich Checklisten, Terminkalender, Notizbücher, Klebezettel und natürlich erinnernde Apps im Smartphone und PC. Bevor Fabian die Wohnung morgens verlässt, kann ihn eine Checkliste an seiner Zimmertür daran erinnern, schulische Fragen zu bedenken. Verabredungen können per Handy mit Vorwarnzeit programmiert werden, Geburtstage und andere wichtige Termine auch jährlich wiederkehrend.

Ein gut strukturiertes Erinnerungssystem kann dann beispielsweise morgens beim Frühstück gemeinsam mit den Eltern aktualisiert werden. So reduzieren sich die Erinnerungsmomente zwischen Eltern und Kind auf wenige Situationen. Das nimmt Verärgerungspotenzial aus der zwischenmenschlichen Beziehung und verringert auch die Sorge der Eltern.

Aufschieberitis (Prokrastination)

Nicht nur vergesslich, sondern einfach total unmotiviert zu sein, ist ebenfalls ein Problem von Jugendlichen mit einer AD(H)S. Bei der 20-jährigen Jana liegt der Küchentisch voller Dokumente, über die sie längst den Überblick verloren hat. Rechnungen und Werbebroschüren stapeln sich ungeordnet. Jeden Morgen will sie das Chaos beseitigen, findet aber nie einen Anfang.

Solch ein Chaos kann teuer werden. Unter ihren Freunden gilt Jana schon als Königin der Mahngebühren, denn keiner muss wegen nicht-abgegebener Leihbücher oder vergessener

Knöllchen regelmäßig so tief in die Tasche greifen wie die junge Frau. Ihr wurde schon der Strom abgestellt und der Gerichtsvollzieher vorbei geschickt. Jana war das unendlich peinlich, aber geändert hat sie bis heute nichts.

Irgendwie weiß die junge Frau nicht, wie das geht mit der Ordnung. Jeden Tag nimmt Jana sich vor, endlich mal auszumisten – so schwer kann das doch nicht sein. Sie plant einen »Großkampftag« und kündigt den auch bei ihren Freunden an. Doch dann kommt es immer anders. Jana verlässt der Mut und sie lenkt sich lieber mit angenehmen Dingen ab. Natürlich wird der Berg der unerledigten Dinge so immer höher. Kein Wunder, dass Jana keinen Anfang findet und vor der Menge der Aufgaben kapituliert.

Probleme mit der Ausführung, Organisation und dem Fertigstellen von Arbeiten hindert Betroffene daran, berufliche oder private Aufgaben zu erledigen. Auf Dauer führt dieses Verhalten zu Unzufriedenheit, Wut, Verzweiflung und Niedergeschlagenheit und ebenso zu großen Problemen im beruflichen und privaten Bereich.

Was hindert Jana am Erledigen von Aufgaben?

Betroffene berichten, dass sie nicht einzelne Aufgaben abteilen und erledigen können, sondern immer das Gesamte sehen. Es fällt ihnen schwer, sich Schritt für Schritt vorwärts zu bewegen. Wenn Jana ihren Küchentisch aufräumen möchte, fallen ihre tausend Sachen ein, die sie gleich miterledigen könnte. Endlich ein Ordnungssystem für die Kontoauszüge anlegen, alte Ordner von überflüssigen Dokumenten befreien oder alle Küchenstühle neu beziehen.

Außerdem kann es passieren, dass die Küche sie an das Abendessen erinnert, für das sie gleich mit der Planung beginnt. Zutaten müssen eingekauft werden, vorher soll aber noch ein Rezept im Internet rausgesucht werden. Wenn dann noch das

Telefon klingelt und Janas Freundin nach einem bestimmten Buchtitel fragt, ist der To-do Speicher voll. Jana erledigt dann nur die angenehmsten und aktuellsten Aufgaben und schiebt alles andere in die Zukunft.

Sich auf eine Sache zu konzentrieren, diese zu erledigen, und dann die nächste in Angriff zu nehmen, fällt den Betroffenen sehr schwer. Sie wollen alles auf einmal machen und kommen so zu gar nichts. Theoretisch wissen sie genau, dass sie mit dem Wichtigsten beginnen und das konsequent erledigen sollen. Praktisch überfordert sie diese Aufgabe, denn sie wissen nicht, was das Wichtigste überhaupt ist.

Typische Verhaltensweise für die Aufschieberitis[15]

- Probleme mit der Zeitplanung und Arbeitsorganisation
- ständiges gedankliches Abschweifen, Probleme mit der Konzentration
- Ängste, den geforderten Standards nicht zu genügen
- Unsicherheit beim Treffen notwendiger Entscheidungen
- Lustlosigkeit, fehlende Motivation
- Gefühl von Sinnlosigkeit in Bezug auf die Arbeit, das Studium, die Schule
- Unsicherheit bei der Präsentation von Ergebnissen
- wachsende Zahl unerledigter Aufgaben
- Ausbleiben von Erfolgserlebnissen
- Unpünktlichkeit
- Probleme beim Setzen von Prioritäten
- klinisch-psychologische Probleme wie quälende Gefühle der Lähmung oder Kraftlosigkeit.

---

[15] Hoffmann und Hofmann 2004, Reysen-Kostudis 2009

Wie bekommt Jana die Aufschieberitis in den Griff?

Zunächst müssen sich die Betroffenen von ihrem hohen Anspruch verabschieden. Nicht 100 Prozent, sondern zunächst mal 10 Prozent zu erledigen, bringt sie einen Schritt weiter. Um die Erfolge auch wahrzunehmen, hilft ein Trick. Für jede erledigte Aufgabe wird beispielsweise eine Murmel in ein Glas gelegt (ein Knopf in eine Schale). So visualisiert der Betroffene seinen Fortschritt. Je mehr Murmeln im Glas sind, desto mehr von seinen Aufgaben hat er erledigt. Das spornt an und macht zufrieden. Alternativ kann auch ein Plakat an der Haustür mit allen erledigten Dingen beschriftet werden. Dabei geht es darum, nicht die noch anstehenden Aufgaben, sondern die erledigten zu visualisieren.

Natürlich ist auch eine Liste von absolut wichtigen Aufgaben hilfreich. Alle Ordnungssysteme, die funktionieren, sind dabei erlaubt. Auch wenn es peinlich oder blöd ist, um nicht die Bücherei mit den eigenen Mahngebühren zu finanzieren, kann das Handy auch eine fünfmalige Erinnerung an die Buchabgabe speichern. Oder es wird gleich auf die E-Book Ausleihe umgestiegen, denn diese Bücher löschen sich automatisch zum Ende der Ausleihzeit vom Reader.

Ebenfalls wirksam ist es, ungeliebte und unangenehme Aufgaben unter schönen Dingen zu »verstecken«. Die Abgabe der ausgeliehenen Bücher fällt leichter, wenn direkt danach ein Treffen mit der Freundin im Café neben der Bücherei lockt. Die Freundin kann in diesem Fall sogar noch als Kontrolleurin fungieren und an die Buchabgabe erinnern.

Wenn Betroffene aus eigener Kraft keine Veränderung ihres Verhaltens erreichen, sollten sie fachliche Hilfe in Anspruch nehmen. In einer Psychotherapie kann genau nach den individuellen Problemen geschaut werden und Schritt für Schritt an einer Auflösung des blockierenden Verhaltens gearbeitet werden.

2. Kapitel

Geruchs- und Geräuschempfindlichkeit

Nie ohne Ohrstöpsel in den Bus

Ken ist 14 Jahre alt, und wenn er zur Schule fährt oder sich mit Freunden trifft, nimmt er natürlich den Bus. Für Ken ist es selbstverständlich, dass er vor dem Einsteigen in den oft überfüllten öffentlichen Personennahverkehr seine Ohren verschließt und Musik hört. Damit blendet er die vielfältigen Umgebungsgeräusche aus, die ihn extrem stören.

Ken hat ein sehr gutes Gehör und nimmt Geräusche wahr, die andere gar nicht mitbekommen. Das Klingeln eines Handys im Nachbarraum, das Piepsen des fertigen Trockners in der Wohnung im 3. Stock des Hauses, einen vorbeifahrenden Bus oder spielende Kinder auf der Straße kann er nicht einfach ausblenden. Ken nimmt diese Geräusche und Töne nicht nur deutlich wahr, sie lenken ihn auch ab und verbinden sich in seinem Kopf zu einer wahren Kakophonie von Lärm.

Auf die Geräuschvielfalt reagiert er mit Kopfschmerzen, Übelkeit und heftiger Wut. Es kommt vor, dass er wegen eines streitenden Paares, eines weinenden Babys oder einer Dauer-Telefoniererin den Bus verlässt. Manchmal kann er sich nicht beherrschen, dann macht er seinem Unwohlsein impulsiv Luft und klopft blöde Sprüche. »Könnt ihr Dösköppe nicht endlich mal die Handys auf Vibration stellen?« Freunde macht er sich damit nicht.

Auch in der Schule ist es Ken oft zu laut. Dann kann er dem Unterricht nur schwer folgen. Besonders wenn mehrere Schüler durcheinander reden oder wenn Gruppenarbeit auf dem Plan steht, hat Ken es schwer. Frontalunterricht bei einem Lehrer, der für Ruhe in der Klasse sorgen kann, ist für Ken am besten auszuhalten.

Ganz extrem unangenehm fühlen sich für Ken Unterhaltungen im vollen Pausenraum, in der hallenden Turnhalle oder in Restaurants an. Alle Klänge nimmt er gleich laut wahr, sodass sie ihn von seinem Gespräch ablenken. Er versucht, seinen Gesprächspartner zu verstehen, nimmt aber gleichzeitig auch die Unterhaltungen der Nebentische auf. Für Ken besteht kaum ein Lautstärkeunterschied zwischen der Person direkt vor ihm und der zwei Tische weiter. Nur durch eine starke Konzentrationsleistung kann Ken die eigene Unterhaltung weiter führen. Mit dem Resultat, dass seine Aufmerksamkeit schnell erschöpft ist und er sein Verhalten immer weniger kontrollieren kann. Im besten Fall verlässt er die anstrengende Situation mit einer guten Ausrede, im schlechtesten Fall nimmt er die Überforderung erst zu spät wahr und reagiert aggressiv und verletzend.

Bei Clara ist der ausgeprägte Geruchssinn das Problem. Sie erschnüffelt gute und schlechte Gerüche, lange bevor andere sie bemerken. In öffentlichen Verkehrsmitteln atmet sie meistens durch den Mund, um Schweißgerüche oder starkes Parfum nicht zu riechen. Außerdem überlegt sie ständig, ob sie selber unangenehm riecht und versucht, das herauszufinden. Auch sie kann sich nicht immer beherrschen und fragt auch schon mal impulsiv und provokant nach: »Wussten Sie, dass man in Parfum nicht baden soll?«

Warum sind Ken und Clara so empfindlich?

Nicht alle von einer AD(H)S Betroffenen haben so starke Probleme mit Geräuschen oder Gerüchen, aber ungewöhnlich ist diese Überempfindlichkeit auch nicht. Die Reizfilterschwäche, die es diesen Menschen so schwer macht, sich auf das Wesentliche zu konzentrieren, macht auch vor Gerüchen und Geräuschen nicht halt.

Sich gegen äußere Einflüsse »abzuschotten« gelingt Menschen mit einer AD(H)S nur schlecht. Sie sind offen für alles, was um sie herum passiert – oder was gerade in ihren Gedanken auftaucht. Das Ticken einer Uhr, das viele Menschen einfach ausblenden können, kann einen Menschen mit Reizfilterschwäche empfindlich stören und dauerhaft ablenken. Ein bestimmter Duft, ein dezentes Parfum oder der frische Schweißgeruch in einer Schulklasse können so penetrant stark empfunden werden, dass an Konzentration nicht mehr zu denken ist.

Hilfe bei Überempfindlichkeit gegen Gerüche und Geräusche

Die Überempfindlichkeit ist nicht nur ein Problem, sondern auch eine Fähigkeit. Und da sie sowieso nicht verändert werden kann, sollte sie einfach akzeptiert werden. Gegen störende Geräusche ist der Kopfhörer eine gute Hilfe, die in vielen Situationen leicht angewendet werden kann. Eltern sollten nicht klagen, dass ihr Kind nur noch mit Stöpseln im Ohr rumläuft, sondern diese Abschottung als gute Hilfsmöglichkeit gegen die Reizüberflutung nutzen. Handzeichen können dabei helfen, den Jugendlichen aus seiner Klangwelt zu holen.

Nicht nur zu Hause, sondern auch im Bus, in der Hausaufgabengruppe oder beim Arbeiten am PC können Kopfhörer helfen, sich zu konzentrieren. Doch wenn es um das Arbeiten in der Gruppe, in der Klasse geht, muss eine andere Lösung her. Da der Lärmpegel in Schulklassen auch für nicht von einer AD(H)S Betroffene oft schon sehr störend ist, sind hier Maßnahmen für alle Schülerinnen und Schüler hilfreich. In Kooperation mit der Klassen- und Schulleitung können Schallschutzmaßnahmen besprochen werden. Darüber hinaus ist es für Jugendliche mit einer AD(H)S immer gut, nah am Unterrichtsgeschehen zu sein. Ein vorderer Platz, ein ruhiger Tischnachbar und eine große Entfernung zum ablenkenden Fenster sind ebenfalls gut.

Zeitempfinden

Ist es wirklich schon so spät?

Mit der Pünktlichkeit hat Sarah (19) große Probleme. Egal um welchen Termin es geht, Sarah kommt entweder zu früh oder zu spät. Auch wenn sie sich jedes Mal vornimmt, im zeitlichen Rahmen zu bleiben, gelingt ihr das nur sehr selten.

Zurzeit studiert Sarah Wirtschaftswissenschaft an der Fachhochschule. Eine Fahrgemeinschaft, der sie sich gleich zu Beginn des Studiums angeschlossen hatte, ist bereits an Sarahs Unpünktlichkeit gescheitert. Immer wieder kam sie zu spät zu den vereinbarten Treffpunkten, so dass die anderen Studenten ihre Vorlesungen versäumten. Schnell wurde sie freundlich aber bestimmt ausgeschlossen.

Auch einen Studentenjob hat sie schon verloren, weil die Arbeitszeiten nicht flexibel waren. Pünktlichkeit wird nun einmal mit Verantwortungsbewusstsein gleichgesetzt, und ein verantwortungsloser, unpünktlicher Mitarbeiter ist in keinem Unternehmen besonders beliebt. Sarah leidet selber unter ihrem schlechten Zeitgefühl, kann aber nur wenig an der Situation ändern. Sobald sie sich mit einer Sache intensiv beschäftigt, verliert sie das Zeitgefühl. Ein kurzes Computerspiel dauert dann schon mal unvermutet drei Stunden, und über das Sortieren ihres Kleiderschranks vergisst sie, rechtzeitig die Wohnung für ein Treffen mit Freunden zu verlassen.

Auch privat gilt sie als unpünktliche Person. Natürlich kommt es darüber auch immer wieder zum Streit, denn Sarahs Liste mit Versäumnissen ist lang. Sie hat Klausuren verpasst, kommt viel zu spät zu Essenseinladungen, lässt Freunde alleine vor dem Kino warten und verpasst auch schon mal den Zug. Egal ob zum Geburtstags-Kaffee oder zur Weihnachtsgans – Sarah kommt mit großer Wahrscheinlichkeit nicht pünktlich.

2. Kapitel

Immer wieder werden Sarah für ein Treffen andere Zeiten genannt als ihren Freunden, weil eine Spanne von 30 Minuten als Puffer eingebaut wird. Zu dumm, wenn Sarah dann ab und zu über eine Stunde früher am verabredeten Ort ist, weil sie überpünktlich war. Sarah selbst ist immer wieder erstaunt, wie schnell oder langsam die Zeit vergeht. Sie traut ihrem eigenen Zeitempfinden nicht mehr, denn es scheint nicht mit dem der anderen und mit der wirklich vergehenden Zeit übereinzustimmen. »Das kann doch nicht länger als fünf Minuten gedauert haben!« könnte Sarah ebenso wie »Dieses Seminar hat gefühlt einen ganzen Tag gedauert!« ständig behaupten.

Alle Versuche, sich mit Listen, Plänen, Weckern oder dem Handy erinnern zu lassen, greifen zu kurz. Nur die wichtigsten Termine kann Sarah mit diesen Hilfen einhalten, sich jedoch für jede Tätigkeit im Vorfeld den Wecker zu stellen, ist einfach nicht realistisch und nicht umsetzbar.

Was ist mit Sarahs Zeitempfinden los?

Eine veränderte Wahrnehmung von Zeit ist möglicherweise einer der Hauptgründe, warum Kinder und Jugendliche mit einer AD(H)S solche Probleme mit der Pünktlichkeit haben. Zu diesem Ergebnis kam 2012 eine Studie der Frankfurter Goethe-Universität in Zusammenarbeit mit dem LVR-Klinikum Düsseldorf und dem Viktoriastift Bad Kreuznach, bei der 60 Kinder mit und ohne AD(H)S in Bezug auf ihr Zeitempfinden getestet wurden. Demnach empfinden die Probanden Zeit sehr unterschiedlich, Kinder mit AD(H)S nehmen gleich lange, eintönige Zeitabschnitte wesentlich länger wahr als Kinder ohne AD(H)S.[16]

---

[16] http://de.sott.net/article/8407-Studie-weist-auf-andere-Zeitwahrnehmung-bei-ADHS-hin

Dadurch könnte eine neue, interessante Erklärung für die Ursachen der Impulsivität und mangelnden Konzentration gefunden werden. Werden monotone, langweilige Zeitspannen länger wahrgenommen, als sie sind, stellt sich auch das Gefühl der Langeweile schneller ein. Unangenehme Situationen können so leicht zu nicht enden wollenden Torturen werden, denen sich der Jugendliche oder das Kind durch Ablenkung zu entziehen sucht. Diese Ablenkung wird dann von seiner Umgebung als Hyperaktivität, Ruhelosigkeit oder Unruhe und als Störung wahrgenommen.

Wenn es hingegen spannend zugeht, vergeht die Zeit wie im Fluge. Diese beiden Wahrnehmungszustände wechseln sich bei einem Jugendlichen mit einer AD(H)S ständig ab, so dass seine realistische Einschätzung des Zeitverlaufs nicht stattfindet.

Was kann Sarah helfen, pünktlicher zu sein?

Da Sarah weiß, dass ihr Zeitgefühl nicht zuverlässig ist, arbeitet sie bereits mit verschiedenen Hilfssystemen. Vorlesungen an der Uni versäumt sie nur noch selten, denn mehrere Wecker und ihr Smartphone erinnern sie daran, pünktlich aufzubrechen.

Ihre Freunde hat sie über ihr Zeitproblem informiert, die haben inzwischen keine Hemmungen mehr, Sarah bei Bedarf sofort anzurufen. Vor Verabredungen lässt sie sich sicherheitshalber auch telefonisch erinnern. Das ist kein Problem, denn das Handy ist Sarahs zuverlässiger und ständiger Begleiter.

Als hilfreich empfindet Sarah es, alle Tätigkeiten so gut es geht in kleine Zeitportionen aufzuteilen. Besonders bei langatmigen Beschäftigungen, wie dem Lernen für eine Klausur, setzt sie sich kurze Lernabschnitte von circa 20 bis 30 Minuten. Dann macht sie eine Pause, in der sie sich etwas gönnt. Das kann ein Kaffee, eine gymnastische Übung oder das Hören eines Songs sein. Danach wird weiter gelernt, natürlich wieder nur eine überschaubare Zeitspanne lang.

2. Kapitel

Umgang mit Geld

Viele Jugendliche mit AD(H)S haben große Probleme damit, ihr Taschengeld einzuteilen und mit ihrem Geld auszukommen. So geht es auch Yannick (15 Jahre). Er hat das Gefühl, viel weniger Geld als seine Klassenkameraden zur Verfügung zu haben, obwohl das nicht stimmt. Für seinen Handyvertrag, angesagte Kleidung und Fastfood reicht der monatliche Betrag von 55 € nicht aus. Yannick löst das Problem auf seine Art, er nimmt immer wieder Geld aus der Notfallkasse der Familie und hat dabei noch nicht mal ein schlechtes Gewissen.

Warum klaut Yanick Geld aus der Familienkasse?

Obwohl der 15-jährige Junge längst mit seinem eigenen Taschengeld umgehen können müsste, gelingt ihm das Einteilen des Geldes nicht. Yannick reagiert impulsiv und kann Kaufentscheidungen nicht aufschieben. Er reagiert dabei eher wie ein Zehnjähriger und benötigt noch viel Kontrolle und Unterstützung von seinen Eltern. Erst langsam wird er lernen, sein Geld einzuteilen und seine Ausgaben zu planen. Für das Erziehungsverhalten der Eltern bedeutet das:

- Taschengeld wöchentlich und nicht monatlich auszahlen
- keine Vorschüsse gewähren
- keine größeren Summen auszahlen, die Yannick sich selber einteilen soll
- keine allzu wertvollen Geschenke machen
- Geld für besondere Einkäufe, beispielsweise neue Schuhe, erst am Tag des Kaufes übergeben

Wie sollen die Eltern mit dem Diebstahl von Familiengeld umgehen?

Eine Kürzung oder Einstellung der Taschengeldzahlung ist keine Lösung, denn langfristig sollen die Jugendlichen ja unbedingt den Umgang mit ihrem Geld erlernen. Außerdem haben sie dann noch weniger Geld zur Verfügung und suchen nach Wegen, sich welches zu beschaffen. Trotzdem muss ein Diebstahl »bestraft« werden, damit der Jugendliche versteht, dass er etwas Verbotenes getan hat. Das ist notwendig, weil ein Schuldbewusstsein oft nicht existiert: »Das Geld ist doch sowieso für unsere Familie gedacht, dann kann ich mir doch auch etwas davon nehmen.«

Eine sinnvolle, weil logische Strafe ist, den Jugendlichen mit einer Arbeit zu beauftragen, die der Familie Zeit oder Geld spart. Für den Diebstahl von 20 € kann er also durchaus zu drei Stunden Hausarbeit herangezogen werden. In dieser Zeit sollte er jedoch alle zwanzig Minuten kontrolliert werden, damit er sich nicht aus seiner Verantwortung zieht. Auf keinen Fall darf der Vorfall ignoriert werden, denn dann wird sich das Verhalten mit Sicherheit wiederholen. Mit einer Einsicht ist so schnell nicht zu rechnen.

Probleme, die sich aus dem negativen Umgang mit Geld ergeben können

Neben chronischem Geldmangel und eventuellen Diebstählen kann der problematische Umgang mit Geld sich in vielen Lebensbereichen auswirken. Nicht nur Jugendliche, sondern auch Erwachsene mit einer AD(H)S klagen über die zahlreichen Probleme, die der schwierige Umgang mit Geld für sie mit sich bringt.

- hohe Schulden durch das Benutzen der Kreditkarte
- regelmäßige Zahlungen wie Miete, Strom, Rechnungen oder Raten werden zu spät überwiesen

- Leistungen werden gestrichen oder gekündigt, weil Zahlungen nicht eingehalten werden
- keine Ersparnisse für Notfälle haben
- schlechte Altersvorsorge
- Unterlagen für die Steuererklärung sind unvollständig, Belege fehlen
- Freundschaften zerbrechen, weil geliehenes Geld nicht zurückgezahlt wird

Es ist also wichtig und sinnvoll, den Umgang mit Geld zu trainieren und dem Jugendlichen nicht alles abzunehmen. Nur mit schrittweiser Übernahme der Verpflichtungen und einer konstruktiven Kontrolle der Geldangelegenheiten kann er langsam aber sicher Verantwortung für seine finanziellen Aktionen übernehmen.

Wie reagieren, wenn Jugendliche klauen?

Schwieriger wird es, wenn der Jugendliche in Geschäften klaut oder Mitschüler und Freunde bestiehlt. Auch wenn das Elternherz blutet, das Informieren der Polizei kann abschreckend wirken und vor weiteren Delikten schützen. Ein Besuch auf der Polizeiwache zeigt mehr Wirkung als eine Standpauke der Eltern. Bei wiederholten Vergehen ist das Ableisten von Arbeitsstunden in sozialen Einrichtungen oder sogar ein Jugendverfahren denkbar. Die AD(H)S darf keine Ausrede für kriminelles Verhalten werden.

Dauerreden

Alex redet ohne Punkt und Komma

Es gibt eine Reihe von Spitznamen oder Bezeichnungen, die ein besonderes Phänomen bei vielen von einer AD(H)S Betroffenen benennen. Sprechdurchfall, Laberflashs, reden wie ein

Wasserfall oder Dauerquasseln sind Begriffe, die gut ausdrücken, um was es geht. Bei Kindern wird das Phänomen deutlich, wenn sie ihre Eltern quasselnd durch die ganze Wohnung verfolgen und selbst vor der Toilette oder beim Telefonieren nicht still sein können. Nicht immer verschwindet dieses Verhalten mit dem Älterwerden. Auch Alex kann sich regelrecht in Trance reden und dabei die Zeit vollkommen vergessen.

Besonders wenn es um Themen geht, die Alex interessieren oder berühren, beantwortet er Fragen mit regelrechten Vorträgen und lässt niemanden mehr zu Wort kommen. Dabei bemerkt Alex selber nicht, dass sein endloser Wortschwall bei seinen Zuhörern alles andere als Freude und Interesse weckt. Aber auch wenn der 16-Jährige alleine ist, kann er lange Selbstgespräche führen. Es fällt ihm schwer, die Ruhe um sich herum auszuhalten, deshalb redet er oder löst er die unangenehmen Situationen durch ständiges Musikhören und Mitsingen.

Wenn Alex jemanden neu kennenlernt, »quatscht« er ihn (oder sie) aus lauter Unsicherheit und Angst vor Schweigeminuten einfach zu. Er befürchtet, die andere Person könnte ihn langweilig finden, wenn er nichts sagt. Alex fällt anderen auch häufig ins Wort, wenn er etwas zum Thema zu sagen hat. Besonders im Unterricht hat er sich damit schon viel Ärger eingehandelt. Auch wenn er sich fest vornimmt, andere weniger oft zu unterbrechen und ausreden zu lassen, gelingt ihm das nicht. Er steigert sich schnell in ein Thema hinein, wird emotional, und dann gibt es für ihn kein Halten mehr.

Alex gedanklich zu folgen, ist nicht leicht, denn er wechselt seine Themen sehr schnell. Dabei führt eins zum anderen, und ruckzuck hat er thematisch einen Bogen vom Mittagessen zur Massentierhaltung, dem kleinen Hund eines Freundes und der neuen Beziehung von dessen Mutter zu ihrem Tanzlehrer geschlossen. Seine Gedankensprünge und impulsiven Ideen sind für Familie und Freunde nur schwer auszuhalten, jede Unterhaltung ist dadurch extrem anstrengend.

2. Kapitel

Auf seiner Abschlussklassenfahrt hat Alex die Klassenkameraden auf seinem Zimmer abends regelmäßig wach gehalten, weil er immer noch unbedingt etwas erzählen musste. Alles was ihm durch den Kopf schoss, musste raus, direkt und ungefiltert. Auch wenn die anderen längst müde und von den Tagesausflügen erschöpft waren, hatte Alex noch das Bedürfnis, über jedes Erlebnis ausführlich zu sprechen.

Warum kann Alex sich nicht bremsen?

Zu den Symptomen der Impulsivität eines Menschen mit einer AD(H)S gehört in vielen Fällen das unkontrollierbare Dauerreden in bestimmten Situationen. Besonders wenn etwas neu und aufregend ist, Unsicherheit aufkommt oder ein Thema besonders interessant ist, werden die sozialen Signale der Mitmenschen nicht mehr aufgenommen. Der sonst so sensible Jugendliche bemerkt nicht, dass er andere langweilt, unterbricht oder mit seinen Gedanken und Schlussfolgerungen überrennt.

Der Betroffene sagt direkt und unverblümt, was er denkt, ohne die Folgen der Situation oder den Kontext in seine Überlegungen einzubeziehen. Er äußert spontan, was ihm einfällt und gerade besonders wichtig erscheint. Obwohl er zur Gesprächssituation etwas Positives beitragen will, erreicht er das Gegenteil und wirkt häufig taktlos.

Typisch für dieses Verhalten ist

- ungefragt seine Sichtweise der Dinge ausufernd zu erläutern
- ständig von einem Thema zum anderen zu springen
- mit einer Antwort herauszuplatzen, bevor die Frage fertig gestellt ist.
- andere unterbrechen oder gar nicht erst zu Wort kommen zu lassen.
- sich ungefragt in fremde Gespräche einzumischen.

Die Impulskontrolle, die einem Jugendlichen vom Alter her eigentlich gelingen müsste, wirkt sich hier auf das Mitteilungsbedürfnis aus. Dem Redeimpuls wird einfach nachgegeben, egal ob es passt oder nicht. Doch Dauerreden kommt nicht gut an. Die Gesprächspartner fühlen sich übergangen und meiden immer öfter die Unterhaltung mit dem Betreffenden. Bei einem Jugendlichen wird dieses Verhalten viel mehr noch als bei einem Kind als unhöflich, übergriffig und abschätzig interpretiert. Freunde ziehen sich zurück, Lehrer reagieren abweisend und Ausbilder stellen den Nerv tötenden Azubi ins Abseits.

Was kann Alex helfen?

Die Anfälle von Dauerreden und das ungebremste Aussprechen der aufkommenden Gedanken kann Alex nicht abstellen. Allerdings kann er trainieren, beim Redebeginn auf seine Uhr zu sehen und die Zeit im Blick zu behalten. Nach einer Minute ist Schluss, egal wie kurz ihm die geredete Zeitspanne vorkommt. Eine Uhr mit integrierter Stoppuhr hilft, die Zeitregulierung umzusetzen.

Wichtig ist auch, dass Alex' Gesprächspartner die Problematik kennen und sich nicht scheuen, den Dauerredner freundlich aber bestimmt zu unterbrechen. Halten sie hingegen still, kommen sie überhaupt nicht zu Wort, und meiden schlimmstenfalls künftig Gespräche mit Alex.

Bei guten Freunden oder innerhalb der Familie empfiehlt es sich, bestimmte Zeichen zu vereinbaren. Ein erhobener Zeigefinger bedeutet, dass Alex schon zu lange redet und aufhören muss. Eine Übung besteht darin, immer nur drei Sätze am Stück sprechen zu dürfen. Mit der Zeit wird Alex dann immer mehr bewusst, welche Sprechzeit angemessen ist. Doch hier ist Geduld gefragt, denn eine Verhaltensänderung geschieht nicht von heute auf morgen.

2. Kapitel

Schnelldenker

David ist leicht genervt

Der 16-jährige David spricht von seinem Kopf gerne als Denk-Karussell mit Turboantrieb. Immer wieder erlebt er, in seinen Gedanken und Schlussfolgerungen schneller als andere zu sein. Allerdings nur, wenn er etwas so interessant findet, dass sich das Denken lohnt. Dann ist er genervt, wenn seine Klassenkameraden endlos lange brauchen, um ihre Ideen zu entwickeln. Wenn David ein neues, spannendes Thema entdeckt, kann er sich in kürzester Zeit sehr viel Wissen aneignen. Spielend leicht erledigt er sein Wochenpensum an einem Tag, doch diese Arbeitsschübe kann er nicht steuern. Was ihm in einer Woche gelingt, kann in der nächsten zum Problem werden.

Auch wenn er sich mit seinen Freunden unterhält, beantwortet er Fragen immer wieder, bevor sie überhaupt zu Ende formuliert sind. Da er oft schon weiß, worauf die Frage hinausläuft, fehlt ihm die Geduld, sie bis zum Ende anzuhören. Seine interne Datenautobahn, wie er sagt, ist immer in Bewegung, doch die Richtung ändert sich ständig. Seine schnellen Antworten wirken auf seine Freunde manchmal beleidigend, weil David ihnen ins Wort fällt und sie dumm dastehen lässt.

Obwohl dieses Verhalten von David auf eine Hochbegabung hinweist, spiegeln seine Noten das nicht immer wider. In Klassenarbeiten schreibt er sehr extreme Zensuren, mal eine 1 und dann wieder eine 5. Manche Unterrichtsthemen interessieren ihn so stark, dass er sie quasi nebenbei lernt. Andere wiederum langweilen ihn, beispielsweise wenn es ums Auswendiglernen geht. Dann schaltet David ab und schreibt schlechte Noten. Um Gewissheit zu bekommen, nimmt David an einem IQ-Test teil. Dort schneidet er nur durchschnittlich ab, erreicht 98 Punkte. Trotzdem bleibt eine Unsicherheit, denn ob der Test aussagekräftig ist, bleibt unklar. Zu viele Faktoren könnten das Ergebnis beeinflusst haben.

Was hat es mit Hochbegabung und AD(H)S auf sich?

Rund 2 Prozent der Bevölkerung sind hochbegabt, das heißt, sie haben einen nachweisbaren IQ von 130 oder höher. Da eine AD(H)S weder ein Ausschlusskriterium für Hochbegabung noch ein Indikator dafür ist, sind vermutlich auch 2 Prozent aller Betroffenen hochbegabt. Hochbegabung bedeutet allerdings nicht auch Hochleistung. Nur wer seine Hochbegabung abrufen kann, wer sich also konzentrieren kann und seine Aufmerksamkeit bündelt, kann auch hohe Leistungen erbringen. Betroffene haben eben genau hiermit ihre Probleme. Dauert der IQ-Test zu lang, interessiert er sie nicht, oder sind sie wegen anderer Vorkommnisse gedanklich abwesend, fällt auch der Test entsprechend aus. Ein hoher IQ weist also sehr wohl auf eine Hochbegabung hin, ein niedriger schließt sie bei einer AD(H)S aber nicht aus.

Wie kann David mit seinem Schnelldenken umgehen?

David eckt oft bei seinen Freunden damit an, dass er sie nicht ausreden lässt und viele Gedankengänge schon vorwegnimmt. Er versucht zunehmend, sich dumm zu stellen, weil er seine Freunde nicht verärgern will. Doch das Verstellen tut ihm nicht gut. Er merkt, dass er sich gefühlsmäßig von den Freunden entfernt, weil er nicht mehr er selbst sein kann.

Um den Zwiespalt zwischen dem Wunsch nach Freundschaft und der Langeweile zu überbrücken, spricht David regelmäßig mit einem Therapeuten. Hier werden die schwierigen Situationen noch einmal durchgespielt und analysiert. Er lernt Möglichkeiten kennen, mit dem Tempo der anderen umzugehen und geduldiger zu werden. Außerdem sucht David jetzt bewusst nach Kontakten, die seinem Wunsch nach Tempo entgegenkommen. So hat er sich bei einem Street-Dance Kurs angemeldet und kombiniert den Wunsch nach Kontakten mit körperlicher Bewegung. Beginnt ihn ein Gespräch zu langweilen, übt David nun manchmal besonders komplizierte Schrittfolgen, während er weiterhin der Unterhaltung folgt. Das fordert ihn so, dass er nicht mehr gelangweilt ist.

Extremes Gerechtigkeitsempfinden

Seit ihrem ersten Zeugnis am Ende der ersten Klasse tauchen bei Mias Beurteilungen immer wieder die Persönlichkeitsmerkmale »starker Gerechtigkeitssinn« und »setzt sich vehement für andere ein« auf. Nicht immer sind diese Faktoren positiv gemeint, besonders das sensible Gerechtigkeitsgefühl hat Mia schon oft in Schwierigkeiten gebracht, weil sie sich selbst ungerecht behandelt gefühlt hat.

Auch als Jugendliche kämpft die 17-Jährige noch immer mit ihrer Sicht der Gerechtigkeit. Zum einen kann sie mit ungerechten Äußerungen, Bewertungen oder Anschuldigungen gegen sich selbst nur schlecht umgehen, zum anderen erträgt sie auch Ungerechtigkeiten gegen andere nicht. Was ihre Klassenkameraden mit Leichtigkeit wegstecken, kann Mia sehr zornig oder traurig machen. Diesen Gefühlen ist sie dann ungebremst ausgeliefert, sodass sie sich nicht mehr kontrollieren oder konzentrieren kann.

Am meisten leidet Mia in der Schule. Sie fühlt sich schnell ungerecht behandelt, wenn sie beispielsweise im Unterricht nicht aufgerufen wird, ihrem Beitrag nicht ausreichend Beachtung geschenkt wird oder ein aufwendiges Referat schlecht bewertet wird.

Mia ist fast volljährig und besucht die 12. Klasse eines Oberstufengymnasiums. Fast ihre ganze Schulzeit hindurch hat sie außerschulische Förderung erhalten. Neben ihrer AD(H)S ist bei Mia auch eine Legasthenie (Lese- Rechtschreibstörung) diagnostiziert worden. Dadurch wurde sie jahrelang lerntherapeutisch unterstützt und ihre Rechtschreibung nicht benotet. Seit sie in der Oberstufe ist, wird dieser Notenschutz nicht mehr umgesetzt. Das führt dazu, dass nahezu jede von Mias Klassenarbeiten einige Punkte schlechter bewertet wird. Die Rechtschreibleistung fließt trotz diagnostizierter Legasthenie in die Note ein.

Dieser Umstand macht Mia sehr zu schaffen, weil sie das Vorgehen als extrem ungerecht empfindet. Wenn sie eine Klassenarbeit zurückbekommt und ihren Punktabzug wegen der Rechtschreibung sieht, steigt unbändige Wut in ihr hoch. Sie muss sich dann stark zusammenreißen, um nicht aufzuspringen und aus der Klasse zu rennen. Andere Mitschüler, die von dieser Regelung ebenfalls betroffen sind, können mit der Bewertung entspannter umgehen, auch wenn sie die Behandlung ebenfalls als unschön empfinden. Mia ärgert sich stunden- oder tagelang immer wieder über die Ungerechtigkeit, muss sie doch wegen ihrer AD(H)S und der Legasthenie sowieso schon viel intensiver und mehr arbeiten als Nichtbetroffene. Immer wieder verspürt sie den Impuls, die Schule abzubrechen, weil sie sich so ungerecht behandelt fühlt.

Auch in anderen Lebensbereichen zeigt Mia dieses starke Gerechtigkeitsgefühl. Sie achtet genau darauf, dass die Aufgaben in der Familie gleichmäßig verteilt sind, alle Geschwister beim Taschengeld oder bei Geschenken gleich behandelt werden. Konflikte sind dabei programmiert, denn sowohl in der Schule als auch im Familienleben ist eine klare Gerechtigkeit nicht immer herstellbar. Noten sind subjektiv, Lehrer bevorzugen bestimmte Schülerpersönlichkeiten, ihre Gewichtung der mündlichen Mitarbeit ist oft nicht nachvollziehbar, und ungerechte Schuldzuweisungen im Unterricht sind an der Tagesordnung. Auch in der Familie werden nie alle gleich behandelt, weil Menschen ihren Gefühlen folgen und keine Gerechtigkeitscomputer sind. Für Mia sind diese Situationen nur schwer auszuhalten.

Mia ist auch eine Weltverbesserin. Der 17-Jährigen ist es wichtig, Gutes zu tun. Leid oder Disharmonie kann sie nur schlecht aushalten. In ihrer Freizeit betreut Mia zwei Hunde aus dem Tierheim und geht regelmäßig mit ihnen spazieren. Immer wieder bringt sie verletzte Tiere mit nach Hause und päppelt diese auf. Wenn irgendwo ein Haustier abgegeben werden muss, ist Mia sofort bereit, es zu nehmen. Wann immer sie es schafft, spielt sie mit ihrer jüngeren Schwester oder tröstet ihre Mutter, die mit den Wechseljahren zu kämpfen hat.

Warum ist Gerechtigkeit für Mia so wichtig?

Viele Kinder und Jugendliche mit AD(H)S berichten von einem ausgeprägten Gerechtigkeitssinn. Obwohl diese Eigenschaft nicht zu den primären Symptomen der Störung zählt und wissenschaftlich nicht bestätigt ist, scheint sich doch die große Mehrzahl aller Betroffenen sehr intensiv mit dem Thema »gerechtes Verhalten« zu beschäftigen. Möglicherweise liegt das daran, dass diese Kinder und Jugendlichen mit einer AD(H)S schon sehr viele negative Erfahrungen gemacht haben und sich häufig ungerecht behandelt fühlen.

- Besonders hyperaktive Kinder werden schnell zum Sündenbock und für jede Störung verantwortlich gemacht, auch wenn sie gar nicht die Verursacher sind.
- Positive Absichten eines Betroffenen werden missverstanden und enden möglicherweise sogar mit einer Strafe, weil die Umsetzung nicht gelingt.
- Durch ihr (unbeabsichtigt) impulsives Verhalten geraten sie immer wieder in Konflikte und unschöne Situationen.

Dadurch sind Kinder mit einer AD(H)S sensibilisiert, und reagieren auf Ungerechtigkeit gegen sich oder gegen andere sehr früh. Die Gefühle, die sie dabei empfinden, sind intensive und belastend. Jugendliche mit einer AD(H)S nehmen eine Ungerechtigkeit wahr und möchten sofort etwas dagegen tun. Doch an der Umsetzung scheitern sie oft, denn eine längere Planung oder objektive, nicht gefühlsbetonte Reaktionen fallen ihnen schwer.

Hinzu kommt, dass Betroffene sich mit diesen Gefühlen sehr alleingelassen fühlen, da andere sie nicht nachempfinden können und als übertrieben bewerten. Sie stehen mit vielen Wahrnehmungen und Stimmungen isoliert da, können ihre Gefühle nicht vermitteln und haben sogar mit der engsten Familie viele Konflikte.

Was kann Mia helfen, mit diesen Gefühlen umzugehen?

Je älter Jugendliche werden, desto eher gelingt es ihnen, sich von ihren Gefühlen zu distanzieren. Sie können Wut, Angst, Trauer oder Zorn und Mitleid empfinden und sich gleichzeitig sagen, dass dieses Gefühl ganz subjektiv und möglicherweise nicht angemessen ist, aber mit Sicherheit vorbei geht. Anstatt sich also in die Thematik zu verbeißen, ist es ratsam, die belastende und emotionsgeladene Situation erst einmal zu verlassen. Mia hilft es, sich zu sagen: »Das ist jetzt nur ein Gefühl, das geht vorbei.« Je häufiger sie diese Reaktion ausprobiert, desto eher wird sie aus ihrer negativen Gefühlsspirale herauskommen können. Schließlich ebbt jedes Gefühl mit der Zeit ab, Zorn verraucht, Ärger vergeht und Wut kühlt sich ab.

Da aber Betroffene gerne impulsiv und schnell reagieren, brauchen sie eine automatisierte Handlung, die als Überbrückung dient. Das kann eine Atemtechnik sein, das Zählen bis 50, das Malen eines Wutmännchens, das innerliche Aufsagen eines Gedichts und die Vergegenwärtigung eines Leitsatzes. Hauptsache, diese Handlung wird immer wieder eingeübt, sodass sie im akuten Fall auch ohne viel Nachdenken abrufbar ist.

2. Kapitel

Depression: Keiner mag mich

Richard ist 14 Jahre alt, besucht die 9. Klasse einer Realschule. Seit einigen Wochen schleicht er nur noch bedrückt herum. Er ist morgens kaum aus dem Bett und in die Schule zu bewegen, bleibt immer häufiger angeblich krank zuhause. Kontakte mit Freunden sind fast keine vorhanden und auch im Schwimmkurs war er seit langem nicht mehr. Er lacht kaum noch, weint viel und klagt über Schlafstörungen und Bauchschmerzen. Stundenlang liegt er mit seiner Katze auf dem Sofa und träumt vor sich hin. Richard macht für die Schule nur das Nötigste. Immer wieder spricht er davon, dass er die Klasse sowieso nicht schafft, nichts kann und keiner ihn mag. Es ist, als ob eine schwarze Wolke bedrückend und schwer über dem Jugendlichen schwebt.

Wegen der Bauchschmerzen ist Richard schon mehrfach untersucht worden, zuletzt wurde sogar eine Magenspiegelung durchgeführt, um eine Entzündung oder ein Geschwür auszuschließen. Organisch scheint alles in Ordnung zu sein, doch Richard geht es einfach nicht besser. Er kann nicht alleine in der Wohnung bleiben, bricht immer wieder in Tränen aus und hat an nichts mehr Spaß.

Richard hat eine AD(H)S und wird seit einigen Jahren schon mit Methylphenidat behandelt. Daher ist er auch alle drei Monate in psychologischer Betreuung. Bei seinem Besuch diagnostizierte die besorgte Ärztin eine Depression und besprach mit den Eltern Therapiemöglichkeiten.

Anja ist 13 Jahre alt, besucht das Gymnasium und hat die Schule seit Wochen nicht mehr betreten. Sie ist zunehmend niedergeschlagen, ihre Stimmung ist gedrückt, sie hat negative Gedanken und grübelt viel. Nichts macht ihr Spaß, sie verweigert selbst zu den wenigen Freunden den Kontakt und mag morgens nicht aufstehen. Anja war schon immer sehr still und zurückhaltend, doch jetzt scheint ihre Wahrnehmung von ihrer

Umwelt verzerrt zu sein. Nichts interessiert sie, nichts scheint lebenswert, jedes Vorhaben kostet unglaubliche Kraft, die sie immer seltener aufbringt.

Anjas Eltern sind ratlos, alle Hilfsangebote bleiben wirkungslos. Auch der Arzt ist zunächst zurückhaltend und schreibt Anja erst einmal krank. Doch ihr Zustand verbessert sich nicht. Erst als Anjas Eltern im Internet nach Informationen suchen, stoßen sie auf die Möglichkeit einer Depression. Erneut sprechen sie den Arzt an, der sie daraufhin zu einem Spezialisten überweist. Dieser diagnostiziert eine Depression und verschreibt Anja Antidepressiva. Langsam verbessert sich der Zustand des Mädchens wieder.

Was hat AD(H)S mit Depression zu tun?

Eine Depression gehört zu den Erkrankungen, die häufig in Verbindung mit einer AD(H)S auftreten. Das kann an den negativen Erfahrungen und dem schwachen Selbstbild liegen, das Betroffene mit den Jahren entwickeln. Häufig haben die Kinder schon vor der Einschulung mit Ausgrenzung zu tun und erleben sich als anders. Mit der Einschulung eskalieren die Probleme, denn nun wird Leistung gefordert. Kinder und Jugendliche mit einer AD(H)S kämpfen an verschiedenen Fronten. Sie wollen die Erwartungen ihrer Eltern erfüllen und erleben doch immer wieder, dass dies nicht gelingt. In der Schule werden sie zu Störenfrieden, die immer knapp an der Leistungsgrenze agieren.

Nicht nur die negative Erfahrungen, sondern auch genetische Komponenten, beziehungsweise die Kombination dieser Faktoren, können eine Depression auslösen. Natürlich muss eine Depression ernstgenommen werden, da die Folgen schwerwiegend sein können.

Entsprechend dem US National Comorbidity Survey beträgt die Prävalenz von einer AD(H)S und ernsthafter Depression immerhin fast 10 Prozent, während die Prävalenz mit depressiven Verstimmungen sogar bei circa 22 Prozent liegt.[17] Der Vermutung einer Depression bei Jugendlichen mit einer AD(H)S sollte also immer nachgegangen werden. Über die Art und Weise der Behandlung entscheidet dann der Facharzt gemeinsam mit den Jugendlichen und ihren Eltern.

Weltweit stellen Suizide in der Altersgruppe der 10 bis 24 Jährigen die dritthäufigste Todesursache nach Unfällen und Aids dar.[18] Wenn Jugendliche Anzeichen einer Depression zeigen, müssen die Alarmglocken läuten und Fachleute hinzugezogen werden. Lieber ein Arztbesuch zu viel, als einer zu wenig.

Was kann Richard und Anja helfen?

Es gibt viele Hilfsmöglichkeiten für Menschen mit Depressionen. Die Vorstellung bei einem Facharzt steht dabei an erster Stelle. Er wird entscheiden, ob Medikamente hilfreich sind oder andere Therapien angewendet werden sollten. Eine Depression darf nicht bagatellisiert werden und muss unter Umständen über einen Zeitraum von einigen Monaten medikamentös behandelt werden. Sehr hilfreich ist es, über seine Probleme sprechen zu können und sich einzugestehen, dass es ohne Hilfe nicht weitergeht. Für Jugendliche hat die Caritas eine solche Möglichkeit geschaffen.

Über die Internetseite www.u25-deutschland.de können sich Jugendliche anonym austauschen. Das ehrenamtliche Beratungsportal wird von jungen Menschen betreut, die für diese Tätigkeit ausgebildet wurden und als erste und unkomplizierte Anlaufstelle für betroffene Jugendliche da sind.

Bewegung ist ebenfalls eine gute Möglichkeit, gegen eine Depression anzugehen. Lange Spaziergänge, das Auspowern in

---

17 Kessler et al., 2006
18 http://www.who.int/mediacentre/news/releases/2014/focus-adolescent-health/en/

einem Fitness-Studio oder Joggen helfen dabei, die Gedanken auf etwas Positives zu lenken. Außerdem muss dem depressiven Jugendlichen immer wieder versichert werden, dass dieser Zustand nur vorübergehend und eine Krankheit ist. Regelmäßige Gesprächsangebote oder gemeinsame Aktivitäten, die den Jugendlichen nicht überfordern, helfen dabei, nicht ständig um das eigene Dasein zu kreisen.

Viele Kinder und Jugendliche reagieren sehr positiv auf ein Tier. Mit einem Hund oder einer Katze können sie sprechen, kuscheln und Verantwortung übernehmen. Der Hund zwingt sie zur Bewegung und lockt sie immer wieder aus ihrem Tief. Die Wärme und Zuneigung tun gut und lassen die Einsamkeitsgedanken nicht so stark hervortreten.

Emotionsschwankungen

Carla ist 18 Jahre alt und emotional sehr instabil. Ihr kann es passieren, dass sie in den unpassendsten Situationen weinen muss, weil sie etwas sehr stark berührt, was andere eher kalt lässt. Außerdem kann ihre Stimmung auch in Richtung Wut und Zorn kippen, wenn sie beispielsweise eine Ungerechtigkeit beobachtet. Die Emotionsschwankungen haben ihr der Titel einer »Irren« eingebracht, die super empfindlich ist und sich nicht unter Kontrolle hat. Carla leidet sehr unter ihrem Ruf und den emotionalen Schwankungen, die für sie nicht voraussehbar oder beeinflussbar sind. Sie selber sagt über ihre Gefühle:

»Also bei mir ist es so, dass ich alle Gefühle auf einmal bekomme, ich kann sie nicht sortieren. Darum weiß ich oft selber nicht, was oder warum ich das gerade mache. Ich weiß dann nicht einmal, ob ich eigentlich traurig, wütend oder aggressiv bin. Es kommen alle negativen Gefühle auf einmal.«

Das Empfinden von starken Emotionen ist unterschiedlich

Der Umgang mit Emotionen ist bei allen von AD(H)S Betroffenen unterschiedlich. Manche lassen ihre intensiven Gefühle von Traurigkeit oder Wut ungebremst heraus, andere unterdrücken das Weinen mit aller Gewalt oder empfinden lediglich eine starke Wut. Stille Träumer »verkriechen« sich gerne in einer Ecke, um den anderen nicht zur Last zu fallen oder Gegenstand von Spott zu werden.

Carla hilft sich mit Medikamenten

Weil Carla die Emotionsschwankungen nicht mehr ausgehalten hat, hat sie begonnen, Ritalin zu nehmen. Die Wein-Attacken vor anderen und das Gefühl, vor Trauer in ein tiefes Loch zu fallen, haben sie stark belastet. Unter der Wirkung des Medikaments geht es ihr besser, sie fühlt sich ausgeglichen und kann sich viel freier und ohne Angst unter Gleichaltrigen bewegen. Die Intensität der Gefühle ist zurückgegangen. Lässt die Wirkung der Tabletten nach, sind die Stimmungsschwankungen sofort wieder da.

Carla plant nun eine Therapie, in der auch ihr Umgang mit Gefühlen thematisiert werden soll. Sie wünscht sich, auch ohne Medikamente mit ihren Emotionen umgehen zu können.

»Ich will keine Pillen mehr!«

Seit seinem achten Lebensjahr wurde Kevin mit Ritalin therapiert, weil er stark hyperaktiv war und den Anforderungen der Schule nicht gerecht wurde. Nachdem ein Konzentrationstraining und eine Ergotherapie keine Besserung brachten, entschied sich die Familie für die Medikamente. Die Auswirkungen auf Kevins Verhalten waren positiv, und die Therapie wurde beibehalten.

Als Kevin 12 Jahre alt war, weigerte er sich von einem auf den anderen Tag, weiterhin Medikamente zu nehmen. Da er schon eine Weile Probleme mit den Nebenwirkungen hatte und sich lustlos und traurig fühlte, entschied er in den Ferien, die Tabletten im neuen Schuljahr nicht mehr zu nehmen. Seiner Mutter erklärte der 12-Jährige, dass er sich umbringen werde, wenn er weiter die »Scheiß-Pillen« nehmen müsse.

Nach Rücksprache mit der zuständigen Ärztin wurde zunächst überlegt, auf ein anderes Medikament umzustellen, beziehungsweise an einer Studie für eine neue Therapie teilzunehmen. Das lehnte Kevin aber ebenfalls ab, er wollte es ohne Pillen versuchen. Die Medikation hat Kevin nach den Sommerferien nicht wieder aufgenommen, dadurch wurde sein Verhalten in der Schule zunächst untragbar. Er besuchte dann für vier Monate eine Tagesklinik mit begleitendem Unterricht und lernte, wie er sein Verhalten besser kontrollieren könne. Diese Form der Selbstkontrolle, sich eine Auszeit zu nehmen und selber zu merken, wenn die Stimmung oder das Verhalten kippen, hat ihm sehr geholfen.

Zum Halbjahr kehrte er in seine Klasse zurück, stundenweise bekam er vom Jugendamt noch eine pädagogische Begleitung zur Seite gestellt, die auch mit den Lehrerkollegen die speziellen Bedürfnisse von Kevin besprach. Die Lehrer haben sich darauf eingestellt, dass Kevin klare Strukturen und immer wieder auch persönliche Ansprache benötigt. Meistens klappt das gut, nur bei neuen Lehrern gibt es eine Phase, in der sie sich an Kevins Besonderheit gewöhnen müssen.

Um den Unterrichtsstoff aufzunehmen, wiederholt Kevins Mutter mit ihrem Sohn, der inzwischen die 8. Klasse einer Realschule besucht, den Schulstoff regelmäßig. Das kostet zwar Zeit, hilft Kevin aber, sodass er auch Erfolgserlebnisse hat. Seine Noten sind nicht gut, besonders sein Schriftbild ist nahezu unlesbar, aber dem Jungen geht es gut. Medikamente nimmt er nicht mehr, allerdings wird er noch immer von einer Therapeutin betreut, die der Familie in kritischen Situationen zur Seite steht.

Warum will Kevin keine Tabletten mehr nehmen?

Es kommt gar nicht so selten vor, dass Jugendliche mit dem Eintreten der Pubertät, während oder kurz vorher, ihre Medikamente ablehnen. Möglicherweise leiden sie unter den Nebenwirkungen oder werden sich bewusst darüber, wie sehr die Tabletten ihre Wahrnehmung verändern. Manche weigern sich jetzt auch, sich von den Eltern die Medikation vorschreiben zu lassen. Sie wollen selbstständiger sein und selber entscheiden.

Wenn ein Jugendlicher keine Tabletten mehr nehmen möchte, kann und sollte er dazu auch nicht gezwungen werden. Letztlich ist es sein Leben und seine Entscheidung, auch wenn die Folgen mitunter die ganze Familie betreffen. Normalerweise sollen die Medikamente auch in den Ferien genommen werden. Ist ein Aussteigen geplant, kann damit in den Ferien begonnen werden. In dieser Zeit können die Auswirkungen mit viel Ruhe und Geduld abgefangen werden. Gespräche über die Veränderungen im Verhalten helfen dem Jugendlichen dabei, sich besser wahrzunehmen und kritische Momente und Situationen zu erkennen.

Je nachdem wie stark die AD(H)S ist, wird es im schulischen Umfeld zunächst zu deutlichen Veränderungen kommen. Die Konzentrationsfähigkeit wird abnehmen, die Hausaufgaben zu einer Geduldsprobe und das Vorbereiten auf Klausuren oder Klassenarbeiten gelingt möglicherweise kaum noch. Auch das Schriftbild kann sich dramatisch verschlechtern. Mit einem Abfall der Noten muss gerechnet werden, immerhin hat eine Medikation fast immer die positive Auswirkung auf die schulischen Leistungen zum Ziel.

Was hilft Kevin?

Die Wünsche und Gefühle eines Betroffenen sind genauso wichtig und sollten ebenso ernstgenommen werden, wie bei allen anderen Jugendlichen auch. In der Phase der Pubertät ist es wichtig, das Vertrauen und die Gesprächsbereitschaft des Jugendlichen nicht zu verlieren. Solange er über seine Gedanken, Sorgen, Pläne, Erlebnisse und Versuche offen spricht, solange können Eltern in kritischen Situationen auch helfend eingreifen. Verschließt sich das Kind jedoch, sind die frühen, zeitigen Interventionsmöglichkeiten nicht mehr möglich.

Jugendliche sprechen häufig gut auf einen externen Coach an, der sie leitet und begleitet. Das kann ein Therapeut sein, aber auch ein erwachsener Freund der Familie, der (oder die) einen guten Kontakt zu dem Betroffenen hat. Von Außenstehenden nehmen die Jugendlichen Ratschläge und Tipps sehr viel eher an als von Mitgliedern ihrer eigenen Familie. Die emotionale Bindung, die jedem Gespräch und jeder konstruktiven Kritik sofort eine Wertung gibt, fällt hier weg. Dadurch kann der Jugendliche offener sprechen und ohne Angst vor Verurteilung seine Gedanken und Pläne offenbaren.

Eine Verhaltenstherapie, die dem Jugendlichen hilfreiche Strategien für Schule und Alltag vermittelt, ist als begleitende Maßnahme unbedingt empfehlenswert. Das Absetzen der Medikation führt sonst dazu, dass der Jugendliche und seine Familie mit den belastenden Faktoren der AD(H)S alleingelassen werden und die »neue« Lebenssituation vielleicht nicht verkraften.

Wutanfall und Aggression

Sehr belastend und für die ganze Familie enorm anstrengend sind die unkontrollierten Wutanfälle, die Kinder oder Jugendliche mit AD(H)S immer wieder bekommen. Kleinste Anlässe können dazu führen, dass sie »ausrasten«.

Bei dem 14-jährigen Tobias ist Geduld ein großes Problem. Wenn ihm etwas nicht sofort gelingt, kann er sehr wütend werden. Das Suchen nach einem Schulheft, eine Pechsträhne beim Fußballtraining, ein abgestürzter Computer oder ein abgeschlagener Wunsch können dazu führen, dass er in wilde Beschimpfungen ausbricht, Türen knallt und Bücher zerreißt. Tobias wird auch schon mal handgreiflich, wenn sich sein Zorn auf eine andere Person richtet. Immer wieder hat er sich in seiner Schul- und Freizeitlaufbahn mit anderen Jungen »in die Haare« kriegen.

Solange Tobias sich inmitten des Anfalls befindet, ist er unerreichbar. Worte und Ansprachen dringen einfach nicht bis zu ihm vor. Tobias muss dann isoliert werden, bis der Wutanfall vorbei ist. Am besten, er bleibt in seinem Zimmer und beruhigt sich langsam alleine. In der Schule wird Tobias immer wieder mal des Unterrichts verwiesen und unter die Aufsicht eines Lehrers gestellt. In seiner Gesamtschule gibt es viele Kinder mit Verhaltensauffälligkeiten, deswegen wurde hier ein spezieller Raum für eine Auszeit eingerichtet, der von einem Lehrer beaufsichtigt wird. Die betroffenen Jugendlichen haben so die Möglichkeit, ihre Gefühle langsam wieder unter Kontrolle zu bringen, ohne jemand anderen zu schädigen.

Ist der Anfall abgeklungen, zeigt sich Tobias reumütig. Es tut ihm leid, dass er etwas kaputt gemacht, einen Freund oder seine Eltern und Geschwister beleidigt hat. Er nimmt sich dann vor, dass so etwas nicht wieder passiert. Vergeblich. Immer wieder kochen die Emotionen hoch und er kann den Wutanfall nicht stoppen. Als Kind hat er regelmäßig seine Zimmertür beschädigt oder sein Bücherregal umgeworfen. Inzwischen äußern sich die Wutanfälle mehr durch verbale Beschimpfungen und Beleidigungen.

Viel Bewegung und Sport helfen Tobias dabei, dass die negativen Gefühle nicht so häufig auftreten. Wenn er sich beim

Fußball so richtig ausgepowert hat, fühlt er sich ausgeglichener. Macht Tobias keinen Sport, fühlt er sich geladen wie ein Dampfkessel. Dann reichen kleinste Anlässe aus, um zu explodieren. Diese Wutanfälle haben dazu geführt, dass Tobias keine langfristigen Freundschaften aufgebaut hat. Früher oder später, beim Spiel oder beim Sport, fängt er an, seine Freunde zu beleidigen. Er gilt als launisch, unberechenbar und aufbrausend.

Warum tritt Tobias die Tür ein?

Jugendliche mit einer AD(H)S sind extrem dünnhäutig, empfindlich und verletzbar. Fühlen sie sich missverstanden oder provoziert, kommt es zum unkontrollierten Wutausbruch. Auf geringste Auslöser können sie heftig reagieren und sich in diese Gefühle hineinsteigern. Ihre Stimmung schwankt stark in alle Richtungen, sodass auch die negativen Gefühle sehr intensiv sein können. Diesen fühlen sie sich dann vollkommen ausgeliefert. Für Außenstehende ist es oft gar nicht nachvollziehbar, warum der Jugendliche so extrem reagiert. Und ihm selber tut es hinterher auch leid.

Eltern und Geschwister sind durch die wiederkehrenden Wutanfälle des Kindes mit einer AD(H)S erschöpft und ausgelaugt. Hilflos stehen sie immer wieder in der belastenden Situation und wissen nicht, was sie tun können. Hinzu kommt die Angst, dass mit dem Älterwerden des Kindes auch die Intensität der Wutanfälle zunimmt. Körperliche Gewalt ist bei einem Achtjährigen noch in den Griff zu bekomme, bei einem 14-Jährigen schon weniger.

Richtig reagieren bei Wutanfällen

Mit verbalen Argumenten ist Jugendlichen mitten in einem Wutanfall nicht zu helfen. Der Betroffene ist quasi absorbiert von seinen extremen Gefühlen, sodass ihn kaum noch etwas von außen erreicht.

- Jetzt gilt es, ihn zu beruhigen und den Wutanfall möglichst schnell zu beenden. Das gelingt nur, wenn das Gegenüber ruhig und besonnen reagiert und nicht selber wütend wird.
- Je früher ein nahender Wutanfall erkannt wird, desto leichter kann er noch gestoppt werden, indem beispielsweise die (unbeabsichtigte) Kränkung zurückgenommen oder das Problem verständnisvoll angesprochen wird.
- Kann der Wutanfall aufgehalten werden und beendet der Jugendliche ihn schnell, ist ein ehrliches Lob dafür die beste Vorbeugung.
- Ein Wutanfall darf sich auf keinen Fall lohnen. Rastet ein Jugendlicher beispielsweise aus, weil er keine Taschengelderhöhung durchsetzen kann, darf diese auf keinen Fall nach dem Anfall (vielleicht aus Erleichterung) doch zugesprochen werden. Es besteht dann kein nachvollziehbarer Grund für den Jugendlichen, sein Verhalten zu ändern.
- Schafft es ein Jugendlicher, in einer typischen Situation keinen Wutanfall zu bekommen, darf das ausgiebig gelobt und anerkannt werden. Erwünschtes Verhalten sollte immer positiv bewertet werden.

Wenn die Wutanfälle zunehmen und mit körperlicher Gewalt einhergehen, geht es nicht mehr ohne fachliche Unterstützung. Ein erfahrener Arzt wird gemeinsam mit den Eltern und dem Jugendlichen entscheiden, wie es weitergeht. Denkbar wären verhaltenstherapeutische Hilfen wie beispielsweise ein Aggressionstraining, eine Medikation oder die zeitweise therapeutische Behandlung in einer speziellen Tagesklinik. Auch die Eltern und Geschwister sollten ausgiebig informiert, betreut und im Umgang mit dem betroffenen Jugendlichen geschult werden.

Tipp: Vereinbaren Sie mit Ihrem Kind ein Codewort und eine für beide Parteien verbindliche Reaktion und üben Sie die Umsetzung ein. Da Jugendliche in einem Wutanfall einer logischen Argumentation gegenüber nicht offen sind, kann ein knappes Codewort weiterhelfen. Das Codewort signalisiert, dass Ihr Kind gerade zu weit geht und Sie das nicht mehr aushalten (wollen).

Schnelles Autofahren

Alexanders Risiko

Alexander (22 Jahre) hat schon zahlreiche Strafen wegen zu schnellen Fahrens bekommen. Er selber streitet nicht ab, mit hohem Tempo unterwegs zu sein, rechtfertigt aber sein Fahrverhalten. Nur wenn er schnell fahre, konzentriere er sich. Bei langsamem Tempo würde er sich so langweilen, dass er gleichzeitig SMS schreibe, telefoniere oder ständig seine CDs wechsle. Da weder Rückschau noch Vorschau zu den Stärken des jungen Erwachsenen gehören, kann Alexander das Risiko seines Fahrstiles kaum selber objektiv einschätzen. Auch die erhaltenen Strafen und sogar die Androhung des Führerscheinentzugs verändern seine Wahrnehmung nicht. Es ist denkbar, dass er sich auch ohne Führerschein wieder hinters Steuer setzt.

Wie kann das Unfallrisiko verringert werden?

Verschiedene nationale[19] und internationale Studien belegen immer wieder, dass Menschen mit AD(H)S überdurchschnitt-

---

19 http://adhs-sprechstunde.ch/modules/uploadmanager11/admin/index.php?action=file_download&file_id=11&location_id=0

lich oft in schwere Verkehrsunfälle verwickelte sind und durch riskantes Fahren auffallen. Sie neigen zu

- spontanen Überholmanövern
- überhöhter Geschwindigkeit
- Nichtgewähren des Vorfahrtsrechts für andere
- Fahren unter Drogen- oder Alkoholeinfluss
- Fahren bei lauter Musik

Schon im Kindesalter muss mit der Erziehung zu einem vorsichtigen und verantwortungsbewussten Verhalten im Verkehr begonnen werden. Leicht einprägsame Regeln geben dem Heranwachsenden dabei Sicherheit und Orientierung.

Bei jungen Erwachsenen ist die Einflussnahme der Eltern schwieriger. Die Jugendlichen können immer weniger kontrolliert werden und befinden sich zusätzlich zu ihrem Störungsbild noch in einer Lebensphase, in der riskantes und provokatives Verhalten nicht ungewöhnlich ist. Es ist auf jeden Fall überlegenswert, ob mit dem Erwerb des Führerscheins noch einige Jahre gewartet wird.

Auch die Frage der Medikation sollte bei der Überlegung noch einmal aufgegriffen werden. Nachweislich sinkt die Unfallrate, wenn die jungen Erwachsenen medikamentös gut eingestellt sind. Allerdings führt die Kombination von Medikamenten und Drogen oder Alkohol wieder zu einer Zunahme der Unfallgefahr.

Distanzstörung

Deine Sorgen sind meine Sorgen

Die 13-jährige Lucia hat große Probleme damit, sich von den Gefühlen und Bedürfnissen anderer abzugrenzen. Sie fühlt sich immer verantwortlich, möchte helfen und kann Tränen nicht ertragen. Immer wieder bindet sie sich sehr stark an andere Kinder oder Jugendliche, obwohl die jeweiligen Freundschaften noch ganz neu sind. Dann klammert sie regelrecht, möchte alles gemeinsam machen und spricht von enger, tiefer Verbundenheit. Sie nimmt die Bedürfnisse, Sorgen und Empfindungen anderer ebenso stark auf, wie ihre eigenen. Werden diese Gefühle dann nicht erwidert, ist Lucia zutiefst enttäuscht und bricht die Freundschaft frustriert ab.

Zurzeit haben Lucias Eltern große Probleme, bei denen eine spätere Trennung nicht ausgeschlossen scheint. Lucia nimmt die täglichen Streitereien, Verletzungen oder Kränkungen sehr sensibel wahr und kann ihre eigene Gefühlswelt nicht davon trennen. Ist die Mutter verzweifelt, fühlt sich auch Lucia wie krank. Sie kann dann nicht lernen, bekommt Bauchschmerzen und ihr geht es schlecht. Lucias schulische Leistungen werden immer miserabler, sie kann sich überhaupt nicht mehr auf den Unterricht konzentrieren.

Warum reagiert Lucia so extrem, warum »klammert« sie?

Natürlich ist es normal, wenn Kinder oder Jugendliche unter den Konflikten der Eltern leiden. Lucia zeigt jedoch auch in anderen Situationen, dass sie nicht genug Distanz zwischen ihre eigenen und die Gefühlen anderer legt. Anstatt sich den belastenden Situationen zu entziehen, sich mit Freunden zu treffen und langsam einen eigenen Weg zu gehen, intensiviert Lucia noch die Bindung an ihre Mutter.

Ihre Reizfilterschwäche lässt sie kleinste Veränderungen in Mimik, Gestik und Ton spüren. Ihr kann man nichts vormachen, Disharmonien enttarnt sie sofort. Dabei »fällt« Lucia in die negativen Gefühle direkt hinein, ihr Zeitgefühl lässt nur das Hier und Jetzt zu.

Auch bei Freundschaften führt ihre hohe Sensibilität dazu, dass sie kleinsten Veränderungen eine große Bedeutung beimisst. Hinzu kommt ihr großer Wunsch nach sozialer Akzeptanz, ihre Ablehnungserfahrungen und die Angst, verlassen zu werden. Kontakte der neuen Freundin zu anderen Mädchen empfindet sie als Bedrohung. Doch anstatt darüber sachlich zu sprechen oder die Entwicklung abzuwarten, »explodieren« Lucias Gefühle. Sie insistiert dann so lange, bis die vermeintliche beste Freundin die Geduld verliert und sich abwendet. Natürlich fühlt sich Lucia dann bestätigt und wird in der nächsten ähnlich verlaufenden Situation noch sensibler auf Veränderungen reagieren. Ein gefährlicher Teufelskreis aus Erwartungen und Ereignissen.

Auch zu große Distanz kann ein Problem sein

Wenn Jugendliche andere immer wieder brüskieren oder sich aus allen sozialen Kontakten herausziehen, kann ein zu großes Distanzverhalten die Ursache dafür sein. Typische Verhaltensweisen können sich so zeigen

- dauernder Rückzug aus Gruppen
- das Führen mehrerer Gespräche gleichzeitig
- das Gefühl des Nichtverstanden-Werdens und großer Einsamkeit
- schnell gekränkt zu sein
- häufiges Herumkommandieren von anderen
- Erwartung von hundertprozentiger Gegenleistung

Was muss Lucia ändern, damit es ihr besser geht?

Lucia muss lernen, fremde Probleme auszublenden und gegen das »Verschmelzungsgefühl« anzugehen. Sie muss erkennen, dass zu große Nähe anderen Menschen unangenehm ist und

Freundschaften eher zerstört als aufbaut. Außerdem muss die Jugendliche verstehen, dass die Beziehung ihrer Eltern zueinander nicht in ihrer Verantwortung liegt. In einer Therapie kann sie lernen, ihr eigenes Verhalten zu reflektieren und die Wirkung auf andere zu verstehen. Schritt für Schritt können dann neue Verhaltensmuster eingeübt werden.

Immer diese Fehlentscheidungen

Merla findet es inzwischen furchtbar, Entscheidungen zu treffen. Immer wenn sie vor eine Wahl gestellt wird, möchte sie am liebsten gar nichts machen. Egal ob es sich um den Kauf der richtigen Jeans, die nächste Fremdsprache oder eine Eis Sorte handelt, die 15-Jährige befürchtet schon, dass sie die Entscheidung schnell bereut. Ihre Freunde sind von diesem Verhalten bereits ziemlich genervt, denn alles dauert deswegen oft länger. Aber Merla hat zu oft erlebt, dass sie sich genau für die falsche Variante entschieden hat. Oft sogar wider besseren Wissens.

Unter Zeitdruck, beispielsweise bei Klassenarbeiten und Tests, wählt sie stets die Antwort, die ihr gefühlsmäßig als richtig erscheint. Sie kann dem Impuls auf schnelle Belohnung nicht widerstehen und denkt über die Entscheidung nicht lange genug nach. Langfristig erweisen sich diese Entscheidungen häufig als unvorteilhaft. Oft ist der erste Gedanke nicht der richtige, Merla überliest wichtige Informationen oder versteht die Fragestellung falsch. Das ärgert sie später immer sehr.

Ebenso beim Einkaufen. Merla gibt ihr Taschengeld fast immer gleich zu Anfang des Monats aus, weil sie sich sofort das kauft, was ihr als erstes gefällt. Wenn dann das Geld aufgebraucht ist, und sie etwas Schöneres sieht, kann sie es sich nicht mehr leisten. Die Impulsivität beeinträchtigt Merla in ihrem Denken, Fühlen und Handeln. Sie denkt sprunghaft, ist sich ihrer Gefühle nicht sicher und handelt rückblickend häufig falsch.

2. Kapitel

Eine Entscheidung aufzuschieben, über ihre Ziele, Gefühle oder Konsequenzen nachzudenken und sie eventuell zu revidieren, sind für Merla schwierige Prozesse. Ohne in sich zu gehen, wählt sie den ersten Impuls, der ihr durch den Kopf schießt. Später, wenn sie ihren Fehler bemerkt, ist es oft zu spät. Obwohl Merla sich dieses Verhaltens bewusst ist, kann sie es nur schwer ändern. Sie lernt nicht aus Fehlern, sondern macht diese immer wieder.

Warum kann Merla sich nicht entscheiden?

Schuld an den Fehlentscheidungen ist Merlas Impulsivität. Das Feuerwerk an Reizen, das in ihrem Kopf stattfindet, hat sie nicht unter Kontrolle.

Untersuchungen des Schweizer Psychologen und Neurowissenschaftlers Tobias Hauser mit Kollegen vom Zentrum für Kinder- und Jugendpsychiatrie der Universität Zürich an Jugendlichen mit einer AD(H)S haben gezeigt, dass unter der Störung wahrscheinlich die Sensibilität leidet, mit der aus unerwarteten Wechseln bei Belohnungschancen gelernt wird. Das Lernmuster der von einer AD(H)S Betroffenen war weniger flexibel. »Die Kinder mit einer AD(H)S entscheiden sich deshalb öfter für eine Lösung, von der sie eigentlich schon wissen, dass sie nicht die beste ist – und ärgern sich danach, dass sie nicht die richtige gewählt haben.«

Was hilft Merla?

Nur nach und nach kann Merla lernen, ihre Entscheidungen langsamer zu fällen. Hilfreich ist dabei ein automatisiertes Verhalten, das bei jeder Entscheidung vorgeschaltet wird. Beispielsweise kann Merla einen Satz einüben, den sie immer in Entscheidungssituationen benutzt: »Darüber denke ich noch einmal nach und sage dir dann morgen Bescheid.« Das gilt auch für Kaufentscheidungen: »Morgen entscheide ich, ob ich

25 Gr

52541025609

bereitgestellt
bis 07.04.2021

Bibliothek am Luisenbad
Bereitstellung - Bitte noch verbuchen!

10726408456
Pä 350 Reim
AD(H)S in der Pubertät : Jugendliche

Datum: 22.03.2021 Uhrzeit: 10:24

bereitgestellt

mir das neue Handy kaufe.« Wenn Merla eine Entscheidung treffen muss, sollte sie vorher mit einer Person ihres Vertrauens darüber sprechen können.

Denkbar ist auch ein Entscheidungs-Tagebuch, in dem alle Entscheidungen festgehalten werden – sowohl die positiven als auch die negativen – und der Verlauf jeder Entscheidung. Rückblickend kann Merla erkennen, an welchem Punkt etwas falsch gelaufen ist und wie sie das künftig vermeiden kann.

Die Impulsivität zu beherrschen, ist für Jugendliche mit einer AD(H)S ein wichtiges Ziel. Ihre Reizoffenheit lässt sich nicht einfach abstellen, sodass sie lernen müssen, damit umzugehen.

Neben einer medikamentösen Therapie, die immer durch einen Facharzt abgeklärt werden muss, gibt es noch andere Möglichkeiten, das Verhalten zu steuern. In einer Verhaltenstherapie kann Merla mit einem Therapeuten daran arbeiten, die Impulsivität etwas besser in den Griff zu bekommen.

Spätzünder

Oskar ist 13 Jahre alt und geht in die 7. Klasse. Er ist noch immer verspielt, naiv, unselbstständig, ungestüm ehrlich und an den Beziehungsdramen seiner Mitschüler nicht interessiert. Wenn er könnte, würde er gerne weiterhin am Computer gegen andere Minecraft spielen oder Flugzeuge aus Bausätzen zusammenbasteln. Er merkt, dass seine Klassenkameraden sich mit anderen Themen befassen und fühlt sich zunehmend unwohl. An seinen freien Nachmittagen hat er sich schon eine ganze Weile mit niemandem mehr verabredet.

Auch thematisch tritt der Heranwachsende in so manches Fettnäpfchen und fragt Mädchen gerne mal nach ihrem Gewicht oder kommentiert ihre Kleidung negativ: »Das siehst ja aus wie ein leerer Sack!« Immer mehr wird er von Gleichaltrigen ausgeschlossen, weil seine Äußerungen unangemessen sind und er die Trends und Verhaltenscodices der Heranwachsenden nicht erkennt. Er kommt sich oft wie ein Autofahrer vor, der Gas und Bremse verwechselt.

Was ist los mit Oskar?

Die Pubertät bei Jugendlichen mit einer AD(H)S beginnt oft später als bei ihren Klassenkameraden, besonders wenn sie Medikamente nehmen. Oft zeigen sie noch lange Verhaltensweisen, die dem Jugendalter nicht entsprechen. Sie vermischen Realität und Fantasie, spielen immer wieder mal mit ihrem Kinderspielzeug und beharren stark auf ihrer Sicht der Dinge. Die Fähigkeit zum Perspektivenwechsel, die in der Pubertät entwickelt wird, kommt nur langsam in Gang. Oft fühlen sie sich ungerecht behandelt, wenn an ihr Alter und an ihre zunehmende Selbstständigkeit appelliert wird. Sie reagieren mit Widerworten, laut vorgebrachten Gegenargumenten und aggressivem Verhalten und sind sehr kritikempfindlich. Schnell kann es zu einem unkontrollierten Wutausbruch kommen, wenn sich der Jugendliche missverstanden fühlt.

Umgang mit Spätzündern

Die Entwicklung bei Jugendlichen mit einer AD(H)S verläuft nicht grundsätzlich anders, sondern nur verzögert ab. Das Hauptproblem dabei ist, dass die Jugendlichen sich ausgegrenzt und nicht der Gruppe zugehörig fühlen. Mit der Zeit verliert sich das Problem der Entwicklungsverzögerung, aber bis zum Ende der Pubertät kann es dem Jugendlichen das Leben schwer machen. Zur Überbrückung ist es hilfreich, dem Jugendlichen einen Raum zu schaffen, in dem er sich wohl und akzeptiert fühlt. Ein Hobby, das ihn ausfüllt und ihm Anerkennung und Befriedigung verschafft, hilft, den Entwicklungsrückstand zu seiner Klasse aufzufangen.

3. KAPITEL

Schule, Ausbildung und Beruf

Kinder mit einer AD(H)S haben es in der Schule meistens schwer, und auch in der Pubertät setzt sich die Problematik fort, soweit die Störung nicht verschwindet. Sie haben große Schwierigkeiten, konzentriert zuzuhören, leiden möglicherweise unter einer Rechtschreib- oder Rechenschwäche, die Noten sind schlecht und die Kontakte zu Mitschülern von ständigen Konflikten und Missverständnissen begleitet. Sie gelten als tollpatschig, faul und frech, die Hausaufgaben sind endlose Marathonveranstaltungen. Je älter die Kinder werden, desto höher wird der Leistungsdruck. Die Erfolgserwartung an einen ordentlichen Schulabschluss und auch die intellektuellen und sozialen Anforderungen steigen. Manche begabte Betroffene schaffen es auf das Gymnasium, meist mit viel Unterstützung der Eltern, und sind nun intensiv gefordert, ihr Potenzial auszuschöpfen. Konfrontiert mit einem hohen Anspruch an selbstständiges und verantwortungsbewusstes Lernen, kommen sie häufig rasch an ihre Grenzen.

Andere finden sich wegen ihres Arbeitsverhaltens und der schlechten Noten in der Realschule wieder, sind vielleicht von dieser Entwicklung enttäuscht und zweifeln an ihrem Selbstwert. Ein strengeres Arbeitsklima und strukturiertere Unterrichtskonzepte tun ihnen eigentlich gut. Was sich auf der Leistungsebene positiv auswirkt, kann allerdings auf der sozialen Ebene schwierig werden. Wenn ein Jugendlicher mit einer AD(H)S intellektuell unterfordert ist, langweilt er sich noch schneller und sucht nach Ablenkung und Stimulation. Nur erfahrenen und guten Pädagogen gelingt es, diese Jugendlichen zu integrieren, zu beschäftigen und zu fördern.

Natürlich gibt es auch eine Gruppe von sehr auffälligen Jugendlichen, die wegen ihres Verhaltens in die Hauptschule kommen oder sogar auf einer Förderschule landen. Geschuldet ist das in der Regel ihrem aggressiven und oppositionellen Verhalten, nicht ihrer Intelligenz. Bei diesen Jugendlichen muss ganz individuell nach Hilfe gesucht werden. Profitiert der eine von Medikamenten, hilft dem andern vielleicht eine Therapie oder ein Schulwechsel.

Mit dem Übertritt ins Jugendalter, meist in der fünften oder sechsten Klasse, tritt die Pubertät mit allen ihren Veränderungen ein. Immer öfter werden sich die Heranwachsenden nun ihrer Andersartigkeit bewusst, realisieren ihre Probleme und hadern mit ihrem Schicksal. Sie möchten anerkannt werden und wollen erfolgreich sein. Stattdessen werden sie häufig ausgegrenzt, und ihre Schulleistungen liegen am unteren Ende der Notenskala.

Ihre eigenen Gedanken oder die vielfältigen Umweltreize machen eine beständige Konzentration auf schulische Inhalte fast unmöglich. Hinzu kommt nun vermehrt der Einfluss der digitalen Medien. Fast jeder Fünftklässler besitzt inzwischen ein Handy oder Smartphone, das Ablenkungspotenzial durch das Internet ist überwältigend stark. Besonders Jugendliche mit einer AD(H)S können sich dem Einfluss der digitalen Reize nicht entziehen.

Ohne Hilfe geht in der Schule nichts

Nadine hat es trotz ihrer AD(H)S auf das Gymnasium geschafft und geht inzwischen in die 7. Klasse. Beim Lernen wird sie intensiv von ihrer Mutter unterstützt, denn ohne Hilfe würde sie die Anforderungen nicht bewältigen können. Auf einem großen Plan in der Küche wird jede Probe, Klassenarbeit oder Test akribisch notiert. Täglich lernt Nadines Mutter mit ihrer Tochter, kontrolliert die Hausaufgaben und überprüft den Lernfortschritt. Sie hat sogar mit einer Klassenkameradin von Nadine eine Vereinbarung, dass diese ihr täglich per Mail die Hausaufgaben übermittelt und mitteilt, ob es etwas Neues, Wissenswertes gibt. Dafür zahlt sie ein kleines Honorar.

Nadines Mutter ist hin und hergerissen, ob diese intensive Unterstützung der Tochter eher hilft oder ihr langfristig schadet. Die Selbstständigkeit wird dadurch nicht gefördert, aber eine gute Schulbildung und ein hoher Abschluss sind eine gute Grundlage für ihr weiteres Leben. Sie hofft, dass Nadine langsam doch mehr Eigenverantwortung übernimmt und spätestens in der Ausbildung oder im Studium, falls sie das Abitur schafft, keine Hilfe mehr braucht. Sie glaubt, dass sich die Investition an Zuwendung, Hilfe und Unterstützung für ihre Tochter später auszahlt.

Den Rat des begleitenden Psychologen, Nadine jetzt mal alleine zu lassen, hält sie für falsch. Sie glaubt, dass Nadine ohne ihre Hilfe das Gymnasium verlassen müsste und auf die Realschule käme. Dieser Wechsel würde das sensible Mädchen sehr treffen und ihren Willen zum Lernen negativ beeinflussen. Mit den Konsequenzen ihres chaotischen Lernstils möchte die engagierte Mutter ihre Tochter nicht alleine lassen.

Mit AD(H)S auf das Gymnasium?

Prinzipiell ist das machbar, aber auch wenn ein Kind oder eine Jugendliche mit AD(H)S die intellektuellen Möglichkeiten einer gymnasialen Schullaufbahn mit sich bringt, können der notwendige organisatorische Aufwand und die Anforderungen an einen selbstständigen Arbeitsstil dieses Potenzial ausbremsen. Neben dem Verständnis der Lerninhalte müssen diese Jugendlichen eine Vielzahl an Aufgaben bewältigen, was ihnen durch ihre Aufmerksamkeitsschwäche, Reizoffenheit und Impulsivität sehr schwer fällt.

Häufig muss der Lernstoff aus dem Unterricht zuhause nachgearbeitet werden, weil zu viel Ablenkung den Jugendlichen am Zuhören und Mitarbeiten gehindert hat. Klar strukturierter Frontalunterricht mit detaillierten Anweisungen wird zugunsten von projektorientiertem Arbeiten in Kleingruppen in der weiterführenden Schule abgelöst. Für Jugendliche mit einer AD(H)S ist das selbstständige Arbeiten in der Gruppe, womöglich noch anhand eines Wochenpensums, nur schwer leistbar. Sie verlieren den Überblick, kommen vom Hundertsten ins Tausendste, lassen sich leicht ablenken und verlieren sich in kreativen Ideen.

Wie kann Nadine selbstständiger werden?

Die intensive Unterstützung für Nadine ist vermutlich die einzige Möglichkeit, um den gymnasialen Weg weiter erfolgreich zu bewältigen. Trotzdem gibt es Möglichkeiten, auch bei Jugendlichen mit einer AD(H)S die Selbstständigkeit langsam aufzubauen.

- Nadines Mutter kann sich persönlich etwas aus dem Unterstützungsmodell herausziehen und eine außerschulische Förderung (Nachhilfe) etablieren. Das nimmt der Hilfe die emotionale Komponente. was für Nadine eine wichtige Erfahrung sein kann.
- Das strukturierte und regelmäßige Benutzen eines Kalenders sollte Nadine täglich trainieren. Hausaufgaben, Klassenarbeiten, Test, Ausflugstermine oder Elternabende gehören in ihren persönlichen Schulkalender, der jeden Tag aktualisiert und überprüft wird.

- Eine externe Hausaufgabenbetreuung in einer kleinen Gruppe entlastet Nadines Mutter und gliedert einen Teil der schulischen Anforderungen aus.

Null Bock auf Lernen

Wenn Jugendliche mit AD(H)S erkennen, wie mühsam für sie die Schule und Freundschaften sind, reagieren sie häufig zunächst heftig. Sie schieben die Schuld an ihren Schwierigkeiten auf die Eltern oder die Lehrer, stellen ihre schulischen Bemühungen vorerst ein und suchen einen anderen Weg, um Erfolgserlebnisse zu haben. So auch der 14-jährige Frederic.

Er probiert sich aus und ist offen für Vieles. Klar, dass das Lernen dabei nicht an erster Stelle steht. Sein Schulabschluss oder die Zeugnisnoten interessieren den Heranwachsenden wenig, besonders weil hier kaum Erfreuliches zu erwarten ist. Durch die ständigen Misserfolge ist Frederic, wie den meisten Jugendlichen, die Lust an der Schule bereits vergangen. Er selber hat wenig Hoffnung, dass sich diese Situation noch verbessern könnte. Wenn es geht, bleibt er dem Unterricht fern und verweigert das Lernen.

Die Null-Bock Mentalität, die betroffenen Jugendlichen gerne nachgesagt wird, bezieht sich dabei nicht auf alle Bereiche des Lebens. Die Betroffenen haben einfach keine Lust mehr, sich in der Schule schlecht zu fühlen. Ständige Misserfolge, schlechte Noten und Ausgrenzungen machen sie mürbe. Verzweifelt suchen sie nach Anerkennung und Erfolgserlebnissen, die in der Schule nicht zu finden sind. Anstatt sich der Herausforderung immer wieder zu stellen, weichen sie aus und suchen nach anderen Wegen. Da ist es verlockend, sich Gruppen oder Personen anzuschließen, die die Schule und das Bildungssystem ebenfalls ablehnen. Hier fühlen sich Jugendliche mit einer AD(H)S endlich angenommen.

3. Kapitel

Was hilft bei der Null-Bock-Stimmung?

In einer Null-Bock-Phase ist der Umgang mit den Betroffenen nicht leicht. Sie lassen sich nichts sagen und kaum helfen, ihre Symptome sind möglicherweise durch die Hormonumstellung verstärkt und starke Selbstzweifel sowie Druck durch die Schule machen ihnen das Leben schwer. Die Jugendlichen ziehen sich entweder völlig zurück und verlassen ihr Zimmer kaum noch, oder sie bleiben so lange wie möglich ihrem Zuhause fern. Das Einhalten von Absprachen ist kaum durchzusetzen.

Verzweifelte und bis an die Grenzen der Belastbarkeit geforderte Eltern kommentieren das so: »Erziehung ist ein Kinderspiel, außer das Kind hat eine AD(H)S.« »Ich erkenne mein Kind nicht wieder, es lügt, raucht, stiehlt und lässt nicht mit sich reden.«

Doch was hilft in dieser schwierigen Situation? Noch mehr Druck, Vorwürfe und Konflikte treiben den Jugendlichen nur immer tiefer in die selbst gewählte Isolation. Jetzt ist es hilfreich, wenn früh erkannte und unterstützende Hobbys bestehen. Haben die Jugendlichen ein Gebiet, in dem sie sich sicher fühlen und wo sie Anerkennung bekommen, können sie mit den Veränderungen und Enttäuschungen besser umgehen. Das Hobby, das bis dahin schon einen wichtigen Platz im Leben eingenommen hat, kann jetzt Stütze und Halt sein. Auch ein gewachsener Freundeskreis hilft dabei, diese schwierige Phase zu überstehen.

Wichtig bei der positiven Wirkung eines Hobbys ist, dass es nicht von den Eltern vorgegeben wurde, sondern wirklich aus den persönlichen Interessen des Jugendlichen entstanden ist. Nur wenn eine Freizeitbeschäftigung aus echtem Interesse entsteht, kann das Hobby in schwierigen Lebensphasen eine Stütze sein.

Menschen mit einer AD(H)S können bei ihren Lieblingsthemen oder in ihren Lieblingsgebieten erstaunliches Wissen anhäufen und zu regelrechten Experten werden. Diese Kenntnisse bringen ihnen dann Erfolgserlebnisse und Anerkennung. Sie müssen sich nicht um jeden Preis einer anderen Gruppe anschließen und unter Umständen in sogenannte schlechte Gesellschaft geraten. Die Mitgliedschaft in einem Verein, der Kontakt zu Gleichgesinnten über das Internet oder das Weitergeben des eigenen Wissens an andere durch Hilfsangebote machen die inneren und äußeren Veränderungen erträglicher. Der Jugendliche mit einer AD(H)S ist ausgeglichener, zufriedener und hat neben dem Elternhaus, von dem er sich langsam lösen soll, noch eine stabile, positive Komponente in seinem Leben.

Für ein Hobby ist es nie zu spät

Wenn Jugendlich kein Spezialgebiet haben, in dem sie brillieren können, ist jetzt der Zeitpunkt, dies noch zu ändern. Sobald ein Jugendlicher seine Abneigung gegen die Schule und das Lernen deutlich zeigt, sollten Eltern schnellstens versuchen, interessante Alternativen anzubieten. Anstatt im täglichen Dauerkonflikt zu stehen und mit dem eigenen Kind über Sinn und Unsinn der Schulbildung zu diskutieren, ist eine Umlenkung der Energie sinnvoll. In der Regel gelingt es den Eltern mit keiner Intervention, das Kind für die Schule zu begeistern. Da ist es schon ein Erfolg, wenn der regelmäßige Schulbesuch nicht abbricht.

Die Persönlichkeit der Jugendlichen mit einer AD(H)S gibt einen Hinweis darauf, welches Hobby ihnen gefallen könnte. 12- oder 13-Jährige können noch relative leicht für eine neue Beschäftigung begeistert werden, später fällt das eher schwer. Eltern wissen in der Regel recht genau, was ihr Kind gut macht und wo es sich eher weniger wohl fühlt. Ohne verallgemeinern zu wollen, gibt es Tendenzen, die dem Erscheinungsbild von AD(H)S zuzuordnen sind.

- Rollenspiele: Kinder und Jugendliche mit AD(H)S sind oft sehr fantasievoll, kreativ und neugierig. Sie haben eine lebendige Vorstellungskraft und können Berge versetzen, wenn sie es sich in den Kopf gesetzt haben.
- Musik: Das Lernen eines Instruments deckt unterschiedliche Aspekte ab. Beim Schlagzeugspielen wird Aggression abgebaut, mit der Gitarre kann ein Jugendlicher in seinem Tempo Gesang und Fingerfertigkeit trainieren. Als Mitglied einer Band wird die Teamfähigkeit verbessert.
- Theatergruppe: Auch das Talent zur Schauspielerei oder zum Tanz haben viele, sie können sich gut in Szene setzen und beispielsweise eine Show oder eine Veranstaltung moderieren.
- Kunstkurs: Viele Kinder und Jugendliche mit einer AD(H)S haben künstlerisches Talent. Sie malen, musizieren oder schreiben und können ganz in der kreativen Tätigkeit versinken.
- Soziale Gruppen: Bei der Feuerwehr, der Tafel oder den Pfadfindern fühlen sich viele Jugendliche sehr wohl, weil dort ihr ausgeprägter Wunsch, anderen zu helfen, befriedigt wird.
- Sport: Kampfsportarten wie Judo, Karate, Boxen oder Taekwondo oder Capoeira, eine Mischung aus Sport und Tanz. Die klare Struktur, der feste Trainingsablauf und der Respekt vor den Trainern sind für Jugendliche mit einer AD(H)S gut geeignet. Außerdem ist die körperliche Anstrengung eine Gelegenheit, Wutgefühle und Aggressionen abzubauen. Auch Schwimmen ist für sie gut geeignet.

Es gibt viele Möglichkeiten, diese Fähigkeiten in ein Hobby einfließen zu lassen. Vielleicht findet sich eine Schauspiel-AG oder eine Band in der näheren Umgebung, an der der Jugendliche teilnehmen kann. Künstlerisches Talent kann in einer modernen Malgruppe, vielleicht mit Spraydosen, umgesetzt werden. Jugendliche mit einem starken Bewegungsdrang können in einer Tanzgruppe, Streetdance, Jazzdance, etc. ihre Talente beweisen. Überall gibt es Vereine, die sich unterschiedlichen Themen widmen. Bei der Stadtverwaltung gibt es meist eine Auflistung aller Angebote, bei größeren Städten finden die sich auch im Internet.

Erfolgserlebnisse und positive Bestätigung sind ein guter Weg, um die Null-Bock-Stimmung zu überstehen. Je wohler sich der Jugendliche in seinem Umfeld und in seiner Kontaktgruppe fühlt, je positiver der Freizeitausgleich ist, desto besser kann er auch die langweilige und frustrierende Zeit in der Schule überstehen.

Du kannst doch, wenn du nur willst

Moni ist 16 Jahre alt und einsam. In ihrer Klasse findet sie keinen Anschluss, die Schule macht ihr keinen Spaß und ein Hobby hat sie nicht. Am liebsten läuft sie nachmittags stundenlang mit Hund Toby durch die Felder und träumt vor sich hin. Hier fühlt sie sich sicher, kann dem Leistungsdruck entgehen und muss keine Rolle spielen, um von den anderen akzeptiert zu werden. Das Orientierungslose Leben ihrer Tochter bereitet den Eltern von Moni Sorge. Sie wünschen sich, dass ihre Lucia endlich für etwas Interesse aufbringt. So intensiv, wie sie sich um den Familienhund kümmert, könnte sie doch auch ein sinnvolles Hobby betreiben. Doch das Mädchen hat einfach keine Energie mehr, sich nach einem Schultag noch für ein Hobby zu begeistern. Sie möchte nur ihre Ruhe haben und träumt vom Ende der Schulzeit.

Moni beschreibt ihre Schulzeit so:

> *»Kindheit war Schule. Meine Zeugnisse sind immer nur knapp genügend mit Hinweisen auf Weglaufen und Schule*

schwänzen. Ich war und bin über- und unterfordert (gelangweilt). Habe früher viel geträumt und aus dem Fenster geguckt, jetzt kann ich das besser verbergen. Bin auch von den Lehrerinnen gemobbt worden. An Regeln habe ich mich nicht gehalten, weil ich sie nicht verstanden habe oder davon überzeugt war, dass Regeln nur für andere gelten würden und ich eine Ausnahme sei. Ich bin oft heim mit Tränen in den Augen. Als ich dann 14 oder 15 war, fing ich an zu rauchen. Ab da wurde es besser, meine Mitschüler fanden mich dann wohl etwas normaler. Aber ich warte nur ab, bis ich endlich aus der Schule rauskomme und etwas machen kann, was mich interessiert. Am liebsten würde ich Krankenschwester werden.«

AD(H)S – die Störung beeinflusst das ganze Leben

»Wenn du dich ein bisschen zusammenreißt, kannst du das!« Es gibt wohl kaum einen Jugendlichen mit einer AD(H)S, der diesen Satz nicht in vielerlei Abwandlungen und unzähligen Situationen gehört hat. Ob in Briefen von der Schule, im Lehrergespräch, beim Abendessen mit der Familie oder von Freunden – sobald ein von der Störung Betroffener sich konzentriert und etwas zügig und gut erledigt, wird seine Beeinträchtigung gleich in Frage gestellt. Es ist ebenso schwer vorstellbar, dass die Verträumtheit, die Impulsivität, die Hyperaktivität und vor allem die Aufmerksamkeitsschwäche in bestimmten Situationen in den Hintergrund treten.

Immer wieder müssen sich Betroffene anhören, sie wären faul, schlampig, unwillig oder bequem und könnten mit ein bisschen gutem Willen ihr Verhalten verändern. Mit der Zeit glauben Kinder und Jugendliche dann selber daran, dass sie faul seien. Ihr schwaches Selbstbewusstsein wird noch schwächer, denn sie selber verstehen gar nicht, was mit faul gemeint ist. Dinge nicht zu schaffen, vieles zu vergessen, schlechte Noten zu schreiben und keine Erfolge zu haben, macht ihnen ja keinen Spaß. Stundenlanges Sitzen an den Hausaufgaben, verzweifeltes Starren auf das Chaos im eigenen Zimmer und die Unfähigkeit, ein Buch aufzuschlagen und für die nächste Klausur zu lernen, bedrückt sie, anstatt ihnen Freude zu bereiten. Sie leiden unter dem Zustand, der ihnen dann auch noch als faul zugeschrieben wird. Eine ungerechte Beurteilung, die viele zornig macht.

Begabungstest: Das Potenzial finden und wecken

In Jugendlichen mit einer AD(H)S steckt mehr, als sie zeigen können. Doch diese Fähigkeiten sind blockiert. Nur durch positive Bestätigung und der Verknüpfung einer Aufgabe mit etwas aus ihrem Interessensbereich können sie Leistung erbringen und bemerkenswerte Erfolge zeigen. Doch im täglichen Lernstress ist dafür wenig Platz. Welches Potenzial in einem Jugendlichen steckt, bleibt da manchmal verborgen.

Mit einem Begabungstest können die versteckten Potenziale aufgedeckt werden. Eine Reihe von privaten Institutionen bieten solche Tests an, um die Stärken eines Jugendlichen oder jungen Erwachsenen zu finden. Anhand schriftlicher Selbsteinschätzungen, Wissensfragen und persönlicher Gespräche werden so Schritt für Schritt die Begabungsspitzen herausgearbeitet. Die Ergebnisse dieser Beratung sind nicht nur für die Wahl eines Hobbys, sondern ebenso für eine berufliche Entscheidung wertvoll.

In der Schule Außenseiter

Für viele Jugendliche mit AD(H)S ist die Schulzeit der reinste Horror. Sie werden früh als Chaoten abgestempelt, ihre Probleme und Schwierigkeiten werden nicht ernst genommen und es gelingt ihnen nicht, dauerhafte Freundschaften zu anderen zu schließen. Diese Erfahrung macht auch Tania, die inzwischen in der achten Klasse einer Realschule ist und sich sehr verlassen fühlt.

Das Verhalten der anderen Mädchen, die zusammen aufs Klo gehen, ständig tuscheln und ihre Geheimnisse teilen, ist ihr ein Rätsel. Die wenigen Male, die sie versucht hat mitzumachen, wurde sie ausgelacht und verspottet. Es ist, als ob sie die Sprache der anderen nicht verstünde. Tania fühlt sich ausgeschlossen und lebt immer intensiver in ihren Computerspielwelten. Sie versucht, in der Schule so unauffällig wie möglich zu sein, verträumt ganze Vormittage und schließt mit niemandem engere Kontakte. Im Unterricht malt sie oder schreibt Tagebuch, jeden Schultag empfindet sie als Last. Da sie keine Freundinnen hat, sitzt Tania sehr viel am PC.

Da Tania sich still verhält und keine Konflikte in der Schule austrägt, gelingt es ihr, sich »durchzumogeln«. Ihre Mutter unterstützt das Mädchen konsequent dabei, sich auf Klassenarbeiten vorzubereiten, Hausaufgaben erledigt sie morgens im Bus. Das reicht aus, und durch ihre schnelle Auffassungsgabe und Geschicklichkeit beim Schummeln wird sie am Ende eines Schuljahrs immer wieder versetzt. Trotzdem empfindet sie den Unterricht als laut und hektisch, gleichzeitig langweilig und monoton. Sie kann es kaum erwarten, endlich mit der Schule abzuschließen und etwas zu machen, was sie wirklich interessiert.

Tania hat einen Weg gefunden

Tania hat die Aufmerksamkeitsstörung ohne Hyperaktivität. Trotz des Gefühls anders zu sein, ihrer Träumerei und der Ablehnung des Unterrichts schafft sie die Realschule. Da sie eher still ist, nicht negativ auffällt und ihre Leistungen gerade noch vertretbar sind, kommt sie jedes Jahr weiter. Im Gegensatz zu hyperaktiven Jugendlichen, die ganze Unterrichtsstunden sprengen können, wirken die Stillen eher stabilisierend. Sie sind der ruhende Pol der Klasse und machen den Lehrern wenig Arbeit. Schlechte Leistungen werden bei diesen Jugendlichen eher toleriert als bei unruhigen, störenden Schülern. Die fehlenden Sozialkontakte belasten zwar die Jugendlichen, stören aber den Ablauf in der Schule nicht. Vielen Lehrern fällt gar nicht auf, dass einige Schülerinnen oder Schüler nicht integriert sind und die Zeit in der Schule nur absitzen.

Tanias Eltern machen ihrer Tochter keinen Druck und akzeptieren ihre Art zu leben. Tania fühlt sich hier angenommen und geliebt, zuhause schöpft sie Kraft und fühlt sich wohl. Sie entwickelt keinen Leidensdruck und kann sich annehmen, wie sie ist. Bei Problemen in der Schule stehen ihre Eltern hundertprozentig hinter ihr, so dass Tania keine Angst vor Lehrergesprächen oder schlechten Zeugnissen hat. Sie hangelt sich von Schuljahr zu Schuljahr. Ihre Eltern und sie sind sich einig, dass es nur ums Bestehen der Schule geht, nicht um besonders gute Noten. Mit dieser Haltung kann Tania die Schule gut überstehen.

Wie geht es bei Tania weiter?

Tanias Intelligenz, die Unterstützung der Familie und eine positive Schulsituation führen dazu, dass Tania die Realschule aller Voraussicht nach erfolgreich abschließen wird. Schon jetzt kann sie sich über verschiedene Ausbildungsmöglichkeiten informieren und in den Ferien oder im Rahmen der Schule kleine Praktika absolvieren. So erkennt Tania, ob ein Berufsbild zu ihr passt und welche Ausbildung ihren Vorstellungen entspricht. Bis zu diesem Zeitpunkt benötigt das Mädchen aber weiterhin den Rückhalt der Eltern, um nicht den Anschluss zu verlieren.

Parallel zum demotivierenden Schulalltag benötigt Tania allerdings auch Erfolgserlebnisse und interessante Impulse, um nicht aus purer Langeweile in der Pubertät zu Rauschmitteln oder Drogen zu greifen. Es besteht die Gefahr, dass Tania sich kritiklos der erstbesten Gruppe anschließt, die sie aufnimmt. Um dem gegenzusteuern, sind positive Gruppenerfahrungen wichtig. Tania kann beispielsweise ihr Hobby, Computerspiele, ausbauen und an realen Treffen der Spielgemeinde (Conventions) teilnehmen. Der enge Austausch mit ihren Eltern, die für Tanias Sorgen und Fragen stets ein offenes Ohr haben, trägt viel zur positiven Entwicklung des Mädchens bei. Gemeinsame Aktivitäten, Urlaube, Ausflüge und ein starker familiärer Rückhalt geben Tania das Gefühl, in ihrem Leben einen festen Platz zu haben.

Mobbingopfer aufgrund von AD(H)S

Mobbing ist ein wachsendes Problem in allen Schulklassen und Schulformen, nicht nur Kinder und Jugendliche mit AD(H)S sind davon betroffen. Durch ihr auffälliges und häufig störendes Verhalten stehen diese jedoch oft im Fokus, sodass sich die Täteraufmerksamkeit schnell auf sie richtet. Dabei sind die Formen des Mobbings unterschiedlich, aber immer verletzend.

1. **Einsamkeit:** Fred ist in der 7. Klasse und hat keine Freunde in der Schule. Immer ist er in den Pausen allein, nie wird er auf Geburtstage eingeladen. Seine sozialen Kontakte knüpft Fred im Sportverein, hier kann er durch seine Leistungen im Fußball überzeugen.

2. **Hänseleien:** Carla ist in der 6. Klasse und wird immer wieder von einer Gruppe Mitschülerinnen gehänselt. Die Mädchen machen sich über ihre Kleidung lustig, verstecken ihre Sportsachen oder erzählen Lügen und Märchen über sie.

Carla leidet sehr unter der Situation, reagiert mit Bauchschmerzen und verweigert immer häufiger den Schulbesuch.

3. **körperliche Gewalt:** Benjamin hat es mit gewalttätigem Mobbing zu tun. Der 13-Jährige wurde schon mehrfach auf dem Schulweg abgefangen, getreten und bestohlen. Er traut sich nicht mehr, alleine in die Schule zu gehen und wird jeden Tag von seiner Mutter hingefahren und abgeholt.

4. **Cyber-Mobbing:** Eine ganz spezielle Form von Mobbing muss Larissa über sich ergehen lassen. Sie wird im Internet mit Lügen und erfundenen Geschichten bloßgestellt. Bearbeitete Fotos von ihr werden mit Whats-App verschickt und tauchen bei Facebook auf.

5. **Beschämung:** Mobbing kann auch durch Lehrkräfte passieren, zum Beispiel wenn Schülerinnen oder Schüler vor der Klasse beschämt werden. Vicente (15) kennt solche Situationen, denn seine Unruhe und sein Störverhalten provozieren manche Lehrer so, dass sie ihn im Unterricht beschimpfen und ihn einen Versager nennen.

Andersartigkeit provoziert Mobbing

Bestimmte Persönlichkeitszüge der Opfer fördern Mobbing, wie Untersuchungen gezeigt haben. So können Schüler betroffen sein, die ängstlich oder überangepasst sind und ein geringes Selbstwertgefühl haben. Auch auffälliges oder andersartiges Aussehen, Ungeschicklichkeit, Hilflosigkeit oder auffälliges Verhalten können Mobbing provozieren. Immer fehlt den Betroffenen die nötige soziale Gewandtheit und der Rückhalt von Freunden, um den Angriffen der Täter die Stirn zu bieten.

Grundsätzlich ist Mobbing kein individuelles Problem der Opfer oder Täter, sondern ein strukturelles Gruppenphänomen, das eskaliert, weil keine rechtzeitigen und hinreichenden Interventionen erfolgten.

Was hilft gegen Mobbing?

Mobbing hat viele Gesichter und erledigt sich nicht von selbst. Oft halten die betroffenen Personen ihr Schicksal geheim. Sie schämen sich und möchten nicht, dass andere von ihrem Problem erfahren. Viele denken auch, sie hätten diese Behandlung verdient, wären selber durch ihre Andersartigkeit schuld daran. Sie hoffen fälschlicherweise, dass sich das Problem von alleine erledigt, wenn sie nur lange genug durchhalten. Doch selten löst sich das Problem von selbst. Gegen Mobbing müssen alle Beteiligten gemeinsam vorgehen.

Sieben Vorgehensweisen bei Mobbing:

1. Die Schule und die Lehrer müssen umgehend informiert werden und Maßnahmen ergreifen, um das Mobbingopfer zu schützen.
2. Mobbing gehört als Thema in den Unterricht, es darf nicht ignoriert werden. Die Schule kann Hilfe von außen hinzuziehen, beispielsweise durch Schulpsychologen oder freie Träger.
3. Die Täter müssen die Konsequenzen ihrer Tat spüren, Mobbing darf nicht als »Spaß unter Schülern« abgetan werden.
4. Der weitere Verlauf muss kontrolliert werden, um zu garantieren, dass das Mobbing gestoppt ist.
5. Es müssen Maßnahmen seitens der Schule ergriffen werden, um das soziale Gefüge der Klasse zu stärken. Der gemoppte Jugendliche muss »aufgewertet« werden.
6. Eltern müssen versuchen, das Selbstbewusstsein ihres Kindes zu stärken. Es muss verstehen, dass es an dem Verhalten der anderen keine Schuld trägt.
7. Greifen alle Maßnahmen nicht, muss ein Klassen- oder Schulwechsel in Betracht gezogen werden.

Recht auf Nachteilsausgleich in der Ausbildung

Schon in der Schule haben Kinder mit einer AD(H)S große Schwierigkeiten, und in der Ausbildung setzt sich die Problematik meistens fort. Untersuchungen bei erwachsenen Betroffenen zeigen deutlich, dass sich die Lernprobleme, Konflikte mit Lehrern und Mitschülern oder Strukturierungsschwierigkeiten fortsetzen. Um trotzdem eine Ausbildung abschließen zu können, sollten alle Hilfen in Anspruch genommen werden, die der Gesetzgeber geschaffen hat.

Das Recht auf einen angemessenen Nachteilsausgleich für behinderte Menschen ergibt sich aus dem Gleichheitsgrundsatz, dem Sozialstaatsprinzip und dem Benachteiligungsverbot für behinderte Menschen im Grundgesetz: »Niemand darf wegen seiner Behinderung benachteiligt werden.«[20] Auf die Berufsausbildung in anerkannten Ausbildungsberufen bezogen schreibt das Berufsbildungsgesetz[21] vor, dass die besonderen Verhältnisse behinderter Menschen zu berücksichtigen sind (§ 65 BBiG Abs. 1). Gemäß § 16 der Musterprüfungsordnung ist die Prüfung an die besonderen Belange behinderter Menschen anzupassen. Menschen mit Behinderungen können infolge ihrer individuellen Beeinträchtigungen Nachteile beim Erbringen von Leistungsnachweisen entstehen. Aus diesem Grund haben sie die Möglichkeit, bei der Zwischen-, Abschluss- oder Gesellenprüfung entsprechende Nachteilsausgleiche geltend zu machen, die dann zu einer Modifikation der Prüfung führen können.

---

20 Grundgesetzt für die Bundesrepublik Deutschland, I. Artikel 3, Gleichheit vor dem Gesetz
21 http://www.bmbf.de/pubRD/bbig.pdf

3. Kapitel

Wie geht das mit dem Antrag auf Nachteilsausgleich?

Der Antrag auf Nachteilsausgleich sollte von dem Prüfungsteilnehmer rechtzeitig, jedoch spätestens mit der Anmeldung zur Abschlussprüfung bzw. dem Antrag auf Prüfungszulassung erfolgen. Hier sollte der Jugendliche bereits die für ihn geeigneten Nachteilsausgleiche konkret darlegen und begründen. Beruft er sich erst, nachdem er die Prüfung bereits absolviert hat auf seine Behinderung, so kann die Prüfung nicht nachträglich neu bewertet werden.

Dem Antrag sind je nach Lage des Einzelfalls geeignete Nachweise beizufügen, um dem Prüfungsausschuss eine zügige und angemessene Entscheidung über die jeweiligen Prüfungsmodifikationen zu ermöglichen.

Ein geeigneter Nachweis kann beispielsweise sein:

- eine ärztliche Bescheinigung / ein psychologisches Gutachten
- eine Stellungnahme des Ausbildungsbetriebs und / oder der Berufsschule / eines Bildungsträgers
- die Kopie des Schwerbehindertenausweises (sofern vorhanden).

Die ärztliche Bescheinigung sollte nach Möglichkeit Aufschluss darüber geben, welche Prüfungsmodifikationen im Einzelfall erfolgen sollen.

Im Rahmen ihrer Stellungnahme sollten der Ausbildungsbetrieb und die Berufsschule bzw. der Bildungsträger die aus ihrer Sicht erforderlichen und geeigneten Nachteilsausgleiche gemäß den jeweiligen Prüfungsanforderungen beschreiben und begründen.

Schule, Ausbildung und Beruf

Was kann ein Nachteilsausgleich sein?

Der Nachteilsausgleich bedeutet nicht, dass der junge Erwachsene für eine Prüfung nicht lernen muss oder sie auf jeden Fall besteht, egal welche Leistung er erbringt. Er kann jedoch Prüfungserleichterungen bekommen, die es ihm ermöglichen, sein Defizit auszugleichen. Im Einzelfall kann das sein:

- Zeitverlängerung, um die Aufgaben zu bearbeiten
- häufigere Pausen
- Mitbringen einer Begleitperson
- Durchführung der Prüfung am eigenen Arbeitsplatz
- mündliche anstelle einer schriftlichen Prüfung

Nachteilsausgleiche beziehen sich stets auf die individuellen Besonderheiten und Möglichkeiten von Prüflingen und sollen deren Chancengleichheit gegenüber nichtbehinderten Prüflingen wahren. Somit können auch keine allgemeinverbindlichen Angaben über Prüfungsmodifikationen getroffen werden.

Probleme mit Autoritäten in der Ausbildung

Sören ist 18 Jahre alt und macht eine kaufmännische Ausbildung in einer Sanitärfirma. Hauptsächlich verbringt er seine Zeit im Büro am Computer, erstellt Rechnungen, schreibt Angebote oder übernimmt den Telefondienst. Nach kurzer Zeit ist er gut eingearbeitet und beginnt, die Handlungsabläufe zu hinterfragen und zu verbessern. Anstatt Anweisungen seiner Ausbildungsleiterin oder seines Chefs kritiklos anzunehmen, verändert er immer wieder Kleinigkeiten. Darauf angesprochen entgegnet Sören, dass seine Änderungen sinnvoll seien und den Prozess verbesserten. Er wird mehrfach darauf hingewiesen, dass er die Anweisungen als Auszubildender ohne

Korrektur oder Änderung ausführen muss. Doch Sören hört nicht.

Immer wieder bekommt Sören wegen seiner eigenmächtigen Änderungen Ärger, zuletzt wird ihm mit Kündigung des Ausbildungsverhältnisses wegen Arbeitsverweigerung gedroht. Sören wird sehr zornig, weil er sich ungerecht behandelt fühlt. Immerhin hat er der Firma doch nur helfen wollen, bestimmte Prozesse zu optimieren. Er unterbricht das klärende Gespräch mit seinem Chef, kündigt impulsiv und verlässt die Firma. Leider ist das schon der zweite Ausbildungsversuch, denn auch in der ersten Firma hat Sören mit seiner Chefin sofort Konflikte ausgetragen und in seiner Impulsivität unpassende Bemerkungen gemacht.

Schon in der Schule galt Sören als extrem anstrengend, weil er immer alles hinterfragt hat. Einige Lehrer haben Sörens Verhalten als überkritisch empfunden. Sie fühlten sich angegriffen oder in Frage gestellt, seine ständigen Diskussionen haben ihm manchen Klassenverweis eingehandelt. Einige Male musste er sogar beim Schulleiter vorstellig werden, weil sich Lehrer über ihn beklagt hatten. Sörens Versuche, sich zurückzuhalten, waren nicht immer erfolgreich.

Die eigene Ansicht um jeden Preis durchsetzen

Sören fehlt, wie vielen Jugendlichen mit AD(H)S, trotz einer hohen Sensibilität in bestimmten Situationen, eine innere Bremse. Selbst wenn er merkt, dass er besser still wäre, kann er seine Gedanken und Meinungen nicht für sich behalten. Dabei macht er keine Unterschiede zwischen seinen Gesprächspartnern. Zurückhaltung gegenüber Autoritätspersonen oder Chefs ist Sören fremd, auch wenn ihn seine impulsiven Ausbrüche immer wieder in Schwierigkeiten bringen.

Im Berufs- oder Ausbildungsleben kommt hinzu, dass Langeweile ebenso wie als unsinnig empfundene Aufgaben für einen Betroffenen nur schwer auszuhalten sind. Sobald er eine

Idee hat, wie etwas zu verändern wäre, will er diese Idee auch umsetzen. Dabei ist das Umsetzen der Idee viel präsenter und wichtiger als das soziale Gefüge. Sich zurückzuhalten, um die Atmosphäre am Arbeitsplatz nicht negativ zu beeinflussen, kommt für einen Betroffenen nicht in Frage.

Wie verhindern Jugendliche mit AD(H)S Konflikte mit Vorgesetzten?

Ein passendes Berufsbild ist ganz wichtig, um sich nicht ständig gelangweilt und unzufrieden durch den Tag zu hangeln. Lieber die Ausbildung noch einmal wechseln und etwas Passendes finden, als sich zwei Jahre oder länger durch die falsche Entscheidung zu kämpfen. Auch im Hinblick darauf, dass der Beruf ein Leben lang ausgeübt werden soll, ist hier eine genaue und sehr sorgfältige Auswahl wichtig.

Menschen mit einer AD(H)S haben allerdings auch in einem passenden Berufsbild mit Schwierigkeiten zu kämpfen, wenn auch nicht ständig. Der Chef oder die Chefin sollten über die Störung und ihre möglichen Auswirkungen informiert werden. Gleichzeitig ist es allerdings auch wichtig, die Vorteile einer AD(H)S hervorzuheben und auf die Kreativität als Gewinn für den Arbeitszusammenhang hinzuweisen. So wird vielen Konflikten schon im Vorfeld der Boden entzogen.

Im Ausbildungsberuf oder im Studium ist ein Coach, der vor einer Auseinandersetzung mit Autoritäten geschaltet wird, sehr hilfreich. Der betroffene Jugendliche braucht eine Ansprechperson, mit der er seine Probleme oder Ideen vorab besprechen kann. Jemand, der gut erreichbar ist und sich Zeit nimmt. Gemeinsam kann dann besprochen werden, wie mit der Situation, der Idee oder dem Problem am besten umgegangen werden kann. Ein Coach oder Vermittler kann auch in problematischen Konflikten dabei helfen, die Differenzen auszuräumen und bei beiden Parteien für gegenseitiges Verständnis zu sorgen.

3. Kapitel

Welche Berufe eignen sich für Jugendliche mit AD(H)S?

Steven ist 19 und hat eine Ausbildung zum Bürokaufmann begonnen. Schon nach einer Woche klagt er über Rückenschmerzen und einen steifen Arm. Seine hauptsächliche Tätigkeit in seiner Ausbildungsfirma liegt darin, in den Computer Informationen einzutragen oder am Kopierer oder Drucker zu stehen. Er langweilt sich schon nach kurzer Zeit furchtbar und hat das Gefühl, in einem Albtraum gefangen zu sein. Der Mittagspause und dem Arbeitsende fiebert er schon nach wenigen Wochen täglich entgegen. Es wird schnell klar, dass der gewählte Ausbildungsberuf sich für Steven nicht eignet.

Wie findet man mit einer AD(H)S den richtigen Beruf?

Da sich Jugendliche mit einer AD(H)S schnell langweilen, brauchen sie einen Beruf, der ihren Interessen entspricht. Sie müssen sich für das Thema begeistern können, um die Motivation zur Durchführung der Ausbildung nicht zu verlieren. Besonders bei hyperaktiven Jugendlichen ist von einem Schreibtischjob abzuraten. Ihre innere und äußere Unruhe macht langes Stillsitzen enorm schwierig. Bewegung ist also ein wünschenswertes Element des künftigen Berufs. Darüber hinaus muss sorgfältig überlegt werden, welche Stärken der Jugendliche hat, die ihm helfen, eine Ausbildung zu überstehen. Neben einer professionellen Berufsberatung kann die Familie in einem ersten Schritt auch selber grundlegende Überlegungen anstellen.

Fragen zur Ausbildungs- oder Berufsfindung

- In welchen Schulfächern war der Jugendliche erfolgreich?
- Welche Hobbys übt er aus und wie lassen sich diese mit einem Berufsbild verbinden?

- Mit welchen Personen ist der Jugendliche bisher gut ausgekommen, welche Persönlichkeiten lehnt er ab?
- Welche technischen Hilfsmittel haben dem Jugendlichen in der Schule geholfen, welche sollte die Ausbildung zur Verfügung stellen?
- Kann der Jugendliche am PC arbeiten, kann er Maschinen bedienen, ist er feinmotorisch begabt oder konzentrieren sich seine Fähigkeiten auf die Kommunikation mit Menschen?
- Wie steht es mit der Teamfähigkeit, ist ein Arbeiten in der Gruppe oder eher alleine anzustreben?
- Wie anpassungsfähig ist der Jugendliche, wie gut kann er Kritik annehmen?

Mit den Antworten auf diese Fragen kann ein Ausbildungsplatz bereits eingegrenzt werden. Hilfreich ist immer ein Ausbilder, der sich mit den Besonderheiten von Jugendlichen mit AD(H)S oder anderen Handicaps auskennt und eventuell auftretende Probleme nicht persönlich nimmt.

Problematisch können in der Ausbildung die Berufsschulblöcke werden, denn hier ist erneut schulisches Lernen, Stillsitzen und Zuhören gefordert. Über diese Phasen kann dem Jugendlichen hinweggeholfen werden, indem er verbal und praktisch viel Unterstützung bekommt. Nach einer Anlaufphase kann es dann durchaus passieren, dass der Jugendliche in seinem Ausbildungsberuf aufgeht und über sich selbst hinauswächst.

Was hilft Steven?

Steven hat die Ausbildung zum Bürokaufmann nach drei Monaten abgebrochen. Schon während diese Entscheidung reifte, hat er mit seinen Eltern nach einer Alternative gesucht. Auf keinen Fall wollte er frustriert zu Hause rumsitzen und Zeit totschlagen. Steven hat sich für ein Praktikum in einer Schreinerei entschieden und im Anschluss daran eine Ausbildung zum

Möbelschreiner begonnen. Die Arbeit mit den Materialien und Werkzeugen macht ihm Spaß. Er kann kreativ sein und Ideen umsetzen, versteht sich mit seinen Kollegen und fühlt sich abends, nach einem arbeitsintensiven Tag, angenehm erschöpft und körperlich positiv beansprucht. Steven plant jetzt sogar, nach der Grundausbildung noch den Meister anzuhängen.

Begabungs- und Motivationscheck

Bei Menschen mit AD(H)S muss besonders auf die Übereinstimmung zwischen der Person und der Tätigkeit geschaut werden. Neben den Interessen des Jugendlichen ist seine Motivation mindestens ebenso wichtig für das erfolgreiche Abschließen einer Ausbildung oder eines Studiums und die spätere Zufriedenheit mit einem Beruf. Ausschließlich wirtschaftliche Aspekte (da kann man viel Geld verdienen, gute Arbeitszeiten, viele Angebote) reichen dem Betroffenen nicht.

Es gibt Sechs grundlegende Interessensbereiche

Mit der folgenden Checkliste können Jugendliche grob einordnen, in welche Richtung sie sich beruflich oder im Ausbildungsbereich einordnen sollten. Untersuchungen haben ergeben, dass sich diese sechs großen Interessensbereiche voneinander unterscheiden lassen.

In jedem Feld soll angekreuzt werden, wie groß das persönliche Interesse ist.

3 Kreuze = sehr groß
2 Kreuze = groß
1 Kreuz = geht so
Minuszeichen = kein Interesse

Sechs große Interessensbereiche

	+++	++	+	-
praktisch-technisch				
verwaltend-planend				
intellektuell-forschend				
sozial				
unternehmerisch				
künstlerisch-sprachlich				

Erklärung zu den sechs Interessenbereichen

PRAKTISCH-TECHNISCH
Interesse an technischen Fragestellungen und Problemen, übt gerne praktische Tätigkeiten aus, arbeitet mit Werkzeugen oder Maschinen

Berufsfelder: Handwerk, Baugewerbe, Ingenieur, Produktion, Landwirtschaft, Landschaftspflege

VERWALTEND-PLANEND
Interesse an Aufgaben, die mit Dokumentation und Verwaltung von Daten oder Gegenständen zu tun haben, arbeitet gerne planvoll, zielgerichtet und haben Freude am Organisieren

Berufsfelder: Rechnungswesen, kaufmännische Aufgaben, Behörden, juristisches Umfeld

INTELLEKTUELL-FORSCHEND
Interesse an der Erforschung von Zusammenhängen und Hintergründen, mag die systematische Auseinandersetzung mit wissenschaftlichen Fragen

Berufsfelder: Ingenieurwissenschaft, Mathematik, Technik, Naturwissenschaft

SOZIAL
Interesse an Aufgaben, die mit anderen Menschen zu tun haben
Berufsfeder: Unterrichten, Pflegeberufe, Tätigkeiten in der Kinderbetreuung und -erziehung, medizinische und therapeutische Berufe

UNTERNEHMERISCH
Interesse am selbstbestimmten Arbeiten, häufig auch an Menschen und am Verkauf
Berufsfelder: Führungsbereich, Vertrieb, Management, Training, kaufmännische und wirtschaftliche Berufe

KÜNSTLERISCH-SPRACHLICH
Interesse an künstlerischen und gestalterischen Aufgaben, am kreativen Arbeiten, um neue kreative Produkte und Ausdrucksformen zu schaffen
Berufsfelder: Designer, Grafiker, Autoren, Goldschmiede, Architekten, Journalisten, Schauspieler, Übersetzer

Persönliche Eigenschaften

Jede Ausbildung und jeder Beruf sind mit unterschiedlichen Aufgaben verknüpft. Für den einen Beruf, zum Beispiel im medizinischen Bereich, ist Sorgfalt wichtiger als in einem anderen Beruf. Die persönlichen Eigenschaften sind daher neben der Leistungsfähigkeit wichtige Indikatoren, um den richtigen Weg zu finden, besonders bei einer AD(H)S. Der persönliche Einsatzwille ist eine entscheidende Voraussetzung für das Erbringen einer Leistung, und der kann nur erbracht werden, wenn das Interesse stimmt. Der talentierteste Musiker kann keine Hochleistung erbringen, wenn er nicht regelmäßig und konsequent übt.

3 Kreuze = sehr groß
2 Kreuze = groß
1 Kreuz = geht so
Minuszeichen = kein Interesse

Persönliche Eigenschaften

	+++	++	+	-
Leistungsmotivation				
Sorgfalt und Genauigkeit				
Belastbarkeit				
Verträglichkeit				
Vertrauen in die eigene Kompetenz				
Kundenfreundlichkeit				
Umgang mit schwierigen Situationen				
Offenheit gegenüber neuen Ideen				

Leistungsbereich

Die folgenden Kriterien geben Auskunft über die Leistungsbereitschaft und die Leistungsfähigkeit.

3 Kreuze = sehr groß
2 Kreuze = groß
1 Kreuz = geht so
Minuszeichen = kein Interesse

Leistungsbereich

	+++	++	+	-
Bearbeitungsgeschwindigkeit				
Merkfähigkeit				
Problemlösung				
sprachliche Inhalte umsetzen				
zahlengebundene Inhalte umsetzen				
bildhafte Inhalte umsetzen				

Die Ergebnisse aus dem Leistungsbereich und aus dem Bereich persönliche Eigenschaften können jetzt mit dem Interessensbereich und den zugeordneten Berufsfeldern verglichen werden. Für einen von AD(H)S betroffenen Jugendlichen könnte das beispielsweise so aussehen.

Beispiel einer Auswertung der drei Checklisten

- Interesse: sozial
- Persönliche Eigenschaften: kundenfreundlich, arbeitet gerne mit Menschen
- Leistungsbereich: setzt sprachliche Inhalte gut um

Diese Testergebnisse grenzen den Bereich, in den der Jugendliche gut passt, schon sehr schön ein. Zu einem Berufsberatungsgespräch auf dem Arbeitsamt und bei der Wahl eines Ausbildungs- oder Studienplatzes sollten die Ergebnisse auf jeden Fall hinzugezogen werden. Denkbar wären hier medizinische Berufe oder der große Bereich Unterricht und Erziehung.

AD(H)S im Studium

Trotz großer Probleme in der Schule schaffen viele Betroffene das Abitur und beginnen ein Studium. Da hier die Anforderungen an ein selbstständiges Arbeiten viel höher als in der Schule sind, kommen viele Jugendliche nicht gut zurecht. Die richtigen Seminare zu wählen, pünktlich in den Vorlesungen zu erscheinen, rechtzeitig Arbeiten abzugeben und Klausurtermine mitzubekommen oder den regen Austausch in den sozialen Netzwerken zu verfolgen, fällt ihnen enorm schwer.

Auch beim Lernen haben sie häufig mit großen Problemen zu kämpfen. Während der Studienzeit beschreiben betroffene Jugendliche die Hauptprobleme:

- Sie arbeiten unbeständig, oft auf den letzten Drücker und haben unerklärliche Motivationseinbrüche.
- Sie vergessen Teile der Aufgaben, brechen früh ab oder bearbeiten etwas Falsches.
- Besonders in Lerngruppen können sie sich nur sehr schwer über einen längeren Zeitraum konzentrieren.
- Sie lesen nicht gerne, weil der Gesamtzusammenhang bei wissenschaftlichen Texten immer wieder verloren geht.
- In Klausuren haben sie Schwierigkeiten damit, über mehrere Stunden still zu arbeiten. Viele geben früher ab, weil sie ihre Unruhe nicht mehr zügeln können.
- Sie machen Flüchtigkeitsfehler, verdrehen Zahlenfolgen oder Nummern.
- Bei mehreren Aufgaben verzetteln sie sich und wirken desorientiert.
- Im sozialen Kontext haben sie Probleme, weil sie sich den Gruppenregeln nicht unterordnen können.

Ist der Anschluss einmal verpasst, gelingt auch die Rückkehr in den Studienalltag nur selten. Schon nach zwei oder drei verpassten Seminarterminen fällt es ihnen besonders zu Beginn des Studiums schwer, dem Stoff zu folgen und wieder Anschluss an die Lerngruppe zu bekommen. Es ist also sinnvoll, sich schon vor dem Beginn des Studiums genau zu überlegen, welche Unterstützungssysteme helfen.

Was hilft beim Studieren an der Universität oder der Fachhochschule?

Wie in allen anderen Lern- oder Ausbildungszusammenhängen auch, sind Ordnungssysteme und ein persönlicher Coach eine starke Unterstützung. Ohne Rückendeckung schafft es der Betroffene kaum, ein Studium erfolgreich durchzuziehen und abzuschließen, auch wenn er es vom Verständnis her leicht bewältigen könnte. Jugendliche mit einer AD(H)S profitieren davon, wenn sie in den ersten Semestern noch nicht von zu Hause ausziehen, sondern den Luxus der Versorgung und der Erinnerung an Termine genießen.

Wenn alle Anforderungen an ein selbstständiges Leben und Lernen auf einmal bewältigt werden sollen, ist die Chance des Scheiterns groß.

Sechs Erfolgsregeln für Schule, Studium und Ausbildung

Sowohl für die Schule als auch für die Ausbildung braucht der Jugendliche mit AD(H)S effektive Unterstützung, um den Anforderungen an ihn gerecht zu werden. Die folgenden Tipps haben sich bewährt und sollten, je nach Möglichkeit, möglichst konsequent umgesetzt werden.

- **Coach suchen**
  Der Jugendliche benötigt einen Coach, der seine Lernanstrengungen positiv begleitet. Für Schüler bieten sich die Eltern an, bei Studenten kann es ein Mitbewohner oder Studienkollege sein. Der Coach kontrolliert, ob der Jugendliche sein Tagespensum bewältigt hat oder ob er zusätzliche Unterstützung benötigt. Es hat sich bewährt, morgens den Tagesplan zu besprechen und nachmittags den Fortschritt zu kontrollieren.

- **Fachkraft für eine AD(H)S finden**
  Für Schüler und Studenten oder Auszubildende mit besonderen Bedürfnissen gibt es in der Regel eine zuständige Fachkraft, die sich mit den Regelungen des Nachteilausgleichs auskennt und den Betroffenen in schwierigen Situationen beratend zur Seite steht. Dieses Unterstützungsangebot sollte auch genutzt werden, egal um welche Fragen es geht.

- **Externe Hilfsmittel verwenden**
  Organisationssysteme sind eine wichtige Stütze für Jugendliche mit AD(H)S, da sie gerne aktuelle Termine verpassen oder vergessen. Tagesplaner, Wecker oder PC-Programme zur Aufgabenverwaltung sollten eine Selbstverständlichkeit sein. Auch automatische Erinnerungshilfen, die in regelmäßigen Abständen einen Summton abgeben, können beim Bewältigen von Aufgaben sehr hilfreich sein.

- **Ordnungssysteme nutzen**
  Für verschiedene Schulfächer oder Seminare werden verschiedenfarbige Ordner angelegt, die ein klar strukturiertes Register besitzen. Alle Unterlagen und Informationen dieser Themen wandern SOFORT in die entsprechenden Ordner. So geht nichts verloren, sortiert werden kann später immer noch.

- **Kluge Zeit- und Terminplanung**
  Jeder Mensch hat Phasen in seinem Zyklus, in denen er besonders leistungsstark oder leistungsschwach ist. Lernphasen oder Zeit für die Hausaufgaben sollten immer in eine leistungsstarke Phase gelegt werden. Beim Lernen ist es sinnvoll, die einzelnen Fächer abwechslungsreich anzuordnen, um Langeweile zu vermeiden. Gestartet wird mit dem Lieblingsfach, um schnell in eine positive Lernhaltung zu kommen.

- **Passende Lernmethoden und -techniken einsetzen**
  Egal ob Mindmap, Lernposter, Spickzettel, Reime oder Karteikarten – eine passende Lernmethode hilft dabei, Inhalte zu verstehen und abzuspeichern. Je mehr Wahrnehmungskanäle dabei aktiviert werden, desto besser kann sich das Gehirn die Lerninhalte merken.[22]

---

22 www.reimann-hoehn.de

4. KAPITEL

Familie

Die Pubertät ist generell eine Zeit der Ablösung, die Kindheit geht zu Ende, und die Heranwachsenden werden langsam selbstständiger. Begleitet wird diese Phase der Selbstfindung und des Umbruchs durch massive körperliche Veränderungen, die rein optisch auch nach außen hin verdeutlichen, dass das Kind erwachsen werden will. Das sogenannte Kindchen-Schema (großer Kopf, Kulleraugen), das zum Kuscheln und Schmusen animiert, verwächst sich. Auch der kindliche Geruch verändert sich und weicht dem Schweißgeruch des Heranwachsenden.

Jugendliche suchen ihren eigenen Weg und stellen alles Bisherige erst einmal in Frage. Um die Werte und Moralvorstellungen der Eltern übernehmen zu können, müssen diese als erstes überprüft werden. Es wird also ausprobiert, was das Zeug hält. Dass dabei Grenzen überschritten und auch negative Erfahrungen gemacht werden, gehört zu diesem Prozess dazu.

Je besser ein Kind oder ein Jugendlicher im Leben zurechtkommt, desto leichter fällt es seinen Eltern, es nach und nach gehen zu lassen. Dazu tragen die körperlichen Veränderungen bei, das Wachstum und die Körpergröße. Die Natur bereitet sozusagen alle darauf vor, mehr Distanz zwischen Eltern und Kind zu legen. Rein biologisch betrachtet soll der Jugendliche immer mehr alleine bewältigen – doch mit einer AD(H)S klappt das nicht.

Bei vielen Jugendlichen mit einer AD(H)S bleiben jedoch die Probleme der Kindheit weiter bestehen. Sie benötigen weiterhin viel Unterstützung von ihren Eltern, um den ganz normalen Anforderungen von Schule und Freizeit genügen zu können. Der Jugendliche steckt damit ebenso wie seine Eltern in einem Widerspruch: Er möchte sich abnabeln, braucht zur Bewältigung seines Lebens aber länger als Gleichaltrige die Hilfe des Elternhauses. Der Ablösungsprozess ist für beide Seiten schwierig und nimmt bisweilen Dimensionen an, die kaum auszuhalten sind.

Ablösung: Keiner versteht mich!

Basti hat Dauerstress mit seiner Familie und mit Freunden. Immer wieder brechen Konflikte auf, weil der 15-Jährige sich im Ton vergreift. Und das, obwohl er selber ganz empfindlich auf falsche Töne anderer reagiert. Verstehen kann er das nicht, denn meistens hat er seine Fragen ganz anders gemeint. Nur gelingt es ihm nicht, sie ohne Vorwurf, Kommandoton oder Beleidigung zu formulieren. Wenn er beispielsweise vor dem Mittagessen fragt: »Wie lange dauert es noch bis zum Essen?« suggeriert sein Tonfall: »Alte, koch mal schneller!«, und die Laune seiner Mutter ist im Keller. Dabei wollte Basti nur klären, wie viel Zeit er noch bis zum Essen hat.

Selbst wenn Basti sich anstrengt und bewusst Formulierungen wählt, die er für objektiv hält, tritt er immer wieder in Fettnäpfchen. Seine Worte werden als aggressiv, anklagend oder beleidigend aufgenommen, auch dann, wenn er sich selber für ruhig, sachlich und beherrscht gehalten hat.

Hinzu kommt, dass Basti sich jetzt, in der Pubertät, schnell von anderen Erwachsenen bevormundet fühlt. Konnte er als Kind noch konstruktive Kritik ertragen, so ist das momentan überhaupt nicht mehr möglich. Er fühlt sich dann eingesperrt, belehrt, kritisiert oder abgelehnt und entzieht sich enttäuscht und gekränkt der Familie. Dabei knallen nicht selten Türen, und die Atmosphäre kann den ganzen Tag vergiftet sein. »Ihr sperrt mich ein, wie in einem Knast! Das lasse ich mir nicht gefallen!« An Familientreffen, wie runden Geburtstagen oder Weihnachtsfeiern nimmt er nicht mehr teil, er erscheint nicht pünktlich zum Essen und provoziert durch Beleidigungen und Pöbeleien.

Bastis Eltern können es ihrem Sohn überhaupt nicht mehr recht machen. Wenn sie in seinem Zimmer etwas aufräumen, beispielsweise die Wäsche einsortieren (was sie bisher immer gemacht haben), kann Basti einen regelrechten Wutanfall bekommen. »Lasst mir meine Ordnung, das ist mein Zimmer, raus!«, brüllt er dann und lebt weiter in seinem Chaos aus gewaschener und ungewaschener Kleidung. Eine Geduldsprobe für die ordentlichen Eltern. Gute Ratschläge und Hilfsangebote zum gemeinsamen Üben für Arbeiten für die Schule nimmt er auch nicht mehr an, lieber schreibt er eine 5 nach der anderen.

Alles verändert sich

Das mühsam erarbeitete Gleichgewicht zwischen Eltern und Kind gerät jetzt in der Pubertät ins Schwanken. Was mal richtig war, ist nun falsch, denn der Jugendliche hat andere Bedürfnisse und Wünsche als das Kind. Aber was in dieser Lebensphase funktioniert, muss erst langsam neu erarbeitet werden. Dauer-Diskussionen, endlose Streitereien und heftige Konflikte sind an der Tagesordnung, weil keiner genau weiß, wie es besser geht. Der Jugendliche, der in diesem Alter normalerweise vieles mit dem Freundeskreis austrägt, leidet unter seinem Anderssein und seiner Einsamkeit. Er sucht Reibungspunkte und findet diese nur zu Hause.

Konflikte sind an der Tagesordnung

Die Selbstwahrnehmung ist bei manchen Jugendlichen mit AD(H)S verzerrt. So wie sie auch ihre Kraft oft nicht dosieren können, so gelingt ihnen das auch nicht mit der Lautstärke oder Intensität der Stimme. Darüber hinaus bleiben sie länger als nichtbetroffene Jugendliche der Welt des kindlichen Egozentrismus verhaftet.[23] Dieses Phänomen führt dazu, dass die Jugendlichen sich nichts sagen lassen und keine Ratschläge annehmen. Andererseits ignorieren sie auch die Grenzen der anderen. Länger als andere missachten sie die Privatsphäre ihrer Geschwister oder Eltern. Sie nehmen sich, was sie möchten, ohne auf Verbote zu achten.

Der Tablett-PC des Bruders, das Smartphone der Schwester oder der Lieblingspulli der Mutter werden ohne zu fragen »ausgeborgt« und nicht selten vergessen zurückzugeben. Wird der Jugendliche darauf angesprochen, reagiert er verständnislos: »Das habe ich vergessen, ist doch egal.« Oder er leugnet so lange, bis er überführt wird.

Therapeutische Begleitung hilft

Zu wissen, dass manche Äußerungen anders ankommen als gemeint, ist bereits der erste Schritt zur Besserung. Wenn Basti in guter Laune ist und bereit für eine Unterhaltung, kann er eine moderate Rückmeldung über seinen Umgangston aufnehmen. Dabei ist es wichtig, keine Vorwürfe zu machen, sondern im Ich-Stil zu sprechen.

»Ich bin manchmal sehr gekränkt, wenn du so unfreundlich mit mir redest. Gestern hast du mich herumkommandiert, als ob ich ein Hund wäre. Ich wünsche mir, dass du das nicht mehr machst.«

Auch Fragen sind erlaubt. »Warum sprichst du manchmal so unhöflich mit mir? Merkst du denn nicht, dass mich das kränkt?«

---

23 Cordula Neuhaus: Jugendliche und junge Erwachsene mit AD(H)S, Urania Verlag 2009

Manchen Jugendlichen hilft es, ihr Verhalten auf einem Video zu analysieren. So lernen sie zu verstehen, was in der konkreten Situation schief gelaufen ist. Mit einem Smartphone ist es kein Problem, einen Konflikt aufzunehmen. Wenn später die Ursache der Auseinandersetzung geklärt ist, können sich die Beteiligten den Film zusammen ansehen. Vorwürfe haben aber auch hier keinen Platz! Jeder darf sagen, wie es ihm ging und was er sich gedacht hat. Gemeinsam kann dann überlegt werden, welche Möglichkeiten es gibt, so eine Eskalation in einer künftigen Situation zu vermeiden.

Doch die Konflikte können auf beiden Seiten heftig und die Verletzungen immens sein. Die Pubertät ist eine Entwicklungsphase in einem Leben mit einer AD(H)S, in der manche Eltern-Kind Beziehung unerträglich wird. Therapeutische Begleitung durch Fachleute kann schon helfen, diese schwierige Phase gemeinsam zu überstehen. Ohne Geduld, Gelassenheit, Vertrauen in das eigene Kind und einen langen Atem ist die Pubertät mit einem von einer AD(H)S betroffenen Jugendlichen kaum zu überstehen.

Nichts geht mehr: Marius geht in eine Wohngruppe

Manchmal spitzt sich die Situation so zu, dass der Jugendliche besser in einer externen Wohngruppe unter der Aufsicht von erfahrenen Pädagogen aufgehoben ist. Marius (14 Jahre) lebt mit seiner alleinerziehenden Mutter zusammen und steckt mitten in der Pubertät. Kein Tag vergeht, an dem die beiden sich nicht heftig anschreien. Geringste Anlässe führen zu starken Konflikten. Marius wird dann leicht aggressiv, tritt gegen Türen und Wände und schmeißt mit Sachen. Er überschreitet immer wieder Grenzen des Umgangs und beschimpft und beleidigt seine Mutter. Vor einem Jahr hatte diese bereits einen nervlichen Zusammenbruch und musste für einige Wochen in der Klinik behandelt werden. Die jahrelange Doppelbelastung mit einem AD(H)S-Kind und ihrem anstrengendem Beruf, die fehlende Unterstützung durch Marius' Vater und die ständigen Schulprobleme hat sie nicht mehr ausgehalten. Auch jetzt ist die Belastungsgrenze wieder erreicht. Marius schwänzt die Schule, ist bereits mehrfach beim Klauen erwischt worden und kommt abends oft nicht nach Hause.

Ein Familienhelfer, der mit 16 Stunden im Monat die familiäre Situation entlastet, rät zu einer Fremdunterbringung. Marius und seine Mutter machen sich gegenseitig das Leben schwer, beide sind mit der Situation überfordert.

Marius Mutter beantragt beim Jugendamt die Unterbringung ihres Sohnes in einer betreuten Wohngruppe. Gemeinsam mit einer Sozialarbeiterin sehen sie sich die Wohngruppe an und entscheiden, den Versuch zu wagen. Vier Wochen später hat das Jugendamt alles geregelt und Marius zieht zu Hause aus. Der 14-Jährige freut sich auf die neue Lebenssituation und ist gleichzeitig voller Zweifel, ob er sich mit den anderen Jugendlichen vertragen wird. Auch Marius Mutter ist unsicher, ob die Entscheidung zur Fremdunterbringung ihres Sohnes richtig ist. Sie hat Bedenken, ob ihr Sohn einen Schulabschluss macht und wie sich die Unterbringung auf sein weiteres Leben auswirkt. Doch beide wollen die Möglichkeit nutzen und ihr Verhältnis zueinander wieder verbessern.

Da Marius noch minderjährig ist und die Wohngruppe freiwillig besucht, kann seine Mutter ihn jederzeit wieder nach Hause holen. Anfangs tut Marius sich schwer mit den strengen Regeln der Wohngruppe, doch der Kontakt zu den anderen Jugendlichen wird besser und er gewöhnt sich langsam ein. Marius bekommt wöchentlich fünf Stunden Lernförderung zusätzlich zum Unterricht und kann an regelmäßigen Gesprächsrunden teilnehmen. Hier fühlt er sich ernstgenommen und nutzt die Möglichkeit, über seine Probleme offen zu sprechen. Die anderen Jugendlichen verstehen Marius und zum ersten Mal fühlt er sich in einer Gruppe Gleichaltriger wohl und angenommen.

Seine schulischen Leistungen werden nicht besser, aber er schwänzt den Unterricht nicht mehr. Die regelmäßigen Besuche bei seiner Mutter sind nun merklich entspannter, die beiden fühlen sich wohl zusammen und unternehmen jedes Mal etwas Schönes. Ohne die Reibungen eines normalen Alltags wird das Mutter-Sohn Verhältnis wieder besser. Beide können sich vorstellen, dass Marius die Wohngruppe bald verlässt und wieder mit zu seiner Mutter zieht.

Professionelle Hilfe durch Beratungsstellen

In Sörens Familie gelten verschiedene Regeln, die unter anderem den Umgang mit dem Taschengeld, dem PC und dem Nintendo regeln. Für Sören scheinen die Regeln jedoch nicht zu gelten, er umgeht sie, wann immer es möglich ist. Dabei lernt er aus Schaden nicht, wie es bei anderen Jugendlichen der Fall ist.

Sören (13 Jahre) bekommt sein Taschengeld monatlich, seit er 11 Jahre alt ist. Die Planung seiner Ausgaben fällt ihm extrem schwer. Wenn er etwas sieht, kauft er es, solange er genug Geld im Portemonnaie hat. Ist die Börse leer, sucht er nach anderen Wegen, um sich seine Wünsche zu erfüllen. Dann klaut er auch schon mal bei seinen Eltern oder Geschwistern und hofft, dass das nicht auffällt. Auch wenn er erwischt und bestraft wird, verändert Sören sein Verhalten nicht. Eine Bestrafung ist keine Garantie dafür, dass er die negativen Auswirkungen auf seine Zukunft versteht und umsetzt. Die Selbstregulation fällt dem Jugendlichen mit AD(H)S enorm schwer, gelingt häufig überhaupt nicht.

Auch der geregelte Umgang mit dem Nintendo oder dem Tablett-PC klappen nicht. Sören versucht immer wieder, die Computer heimlich zu nutzen. Wenn es ihm gelingt, spielt er auch mal die ganze Nacht durch, heimlich unter der Bettdecke.

Er hält sich einfach nicht an die Absprachen, die er mit seinen Eltern getroffen hat. Morgens ist er dann müde, und ab und zu muss er deswegen sogar aus der Schule abgeholt werden. Hinzu kommt, dass Sören ständig lügt und seine Regelverstöße oder Diebstähle nicht zugibt. Er akzeptiert auch fremdes Eigentum nicht, sondern bedient sich gerne und ungebremst am Eigentum seiner Geschwister und Eltern.

Sörens Eltern sind zutiefst enttäuscht

Sörens Eltern leiden sehr darunter, dass ihr Sohn sie belügt und sie ihm nicht vertrauen können. Immer wieder sprechen sie mit ihm und starten einen neuen Versuch. Doch Sören, der einsichtig wirkt und verspricht, sich an die Absprachen zu halten, kann seine Versprechen nicht einhalten. Bei jeder sich bietenden Gelegenheit folgt er seinem Impuls und überschreitet die Grenzen. Wertschätzung, Ehrlichkeit und Vertrauen scheinen Werte zu sein, die ihn nicht interessieren. Sören scheint auch immun gegen alle Bestrafungsmaßnahmen zu sein. Die Kürzung seines Taschengelds, das Wegschließen des PCs und der Hausarrest verändern nichts an seinem Verhalten. Die Eltern sind verzweifelt.

Was hilft gegen die fehlende Selbstregulation?

Die Eltern von Sören wissen nicht mehr weiter und suchen Hilfe in einer Beratungsstelle. Dort werden Gespräche geführt, zunächst mit allen Betroffenen einzeln und später dann gemeinsam. Ein Mitarbeiter der Beratungsstelle, ein Pädagoge oder Psychologe, übernimmt dabei das »Dolmetschen«. Er vermittelt sowohl dem Jugendlichen als auch seinen Eltern, was beide Parteien in Konfliktsituationen empfinden. Auf einer wertschätzenden, respektvollen Gesprächsbasis ohne emotionale Beteiligung gelingt es in der Regel, Informationen weiterzugeben. Beide Parteien sind aufnahmebereit, wenn sie nicht kritisiert werden, sondern ein Gefühl der Unterstützung bekommen.

Wenn der Jugendliche erkennt, dass er in dem Gespräch nicht erneut kritisiert wird, kann er sich langsam öffnen. In einem sachlichen Gespräch wird dann benannt, wo die Probleme liegen. Das können sowohl Schwierigkeiten in der Schule sein, beispielsweise eine Teilleistungsstörung, als auch Probleme im Umgang mit den Eltern, Geschwistern oder Freunden. Auch die Eigen- und die Fremdwahrnehmung wird thematisiert, denn meistens kann der Jugendliche gar nicht nachempfinden, warum es immer Konflikte gibt. Zunächst werden diese Fakten nur gesammelt, eine Lösung der Probleme ist nicht das vorrangige Ziel. Der Jugendliche soll in die Lage versetzt werden, seine Gefühle zu äußern, sein Anderssein zuzugeben und sich mit seinen Fragen aufgehoben zu fühlen.

In einer professionellen Beratung geht es nicht um eine Schuldzuweisung, sondern um Aufklärung und den Versuch, gemeinsam aus der Situation das Beste zu machen. Die Entstehung der Schwierigkeiten wird erklärt, ein Klima von Akzeptanz und Anerkennung hilft dabei, die eigenen Gefühle und das Verhalten offen zu betrachten. Erst im Anschluss an diese Bestandsaufnahme kann langsam mit einer Therapie, also einer beidseitigen Verhaltenskorrektur, begonnen werden.

Acht grundlegende Tipps für den Umgang mit von AD(H)S betroffenen Jugendlichen

Obwohl kein Mensch wie ein anderer ist, gibt es doch einige hilfreiche Regeln im Umgang mit allen Betroffenen. Ihre Reizfilterschwäche und die sprunghafte Aufmerksamkeit fordern spezielle Umgangsformen, die ihnen das Leben erleichtern. Grundsätzlich geht es bei den Tipps um Klarheit und Verlässlichkeit. Je genauer Sie vermitteln, was Sie erwarten und wollen, desto leichter fällt es dem Jugendlichen, sich daran zu halten.

- **Freundliche Beharrlichkeit:**
  Sprechen Sie mit Ihrem Kind klar und deutlich, nörgeln Sie nicht, machen Sie ihm keine Vorwürfe und bitten oder diskutieren Sie nicht. Wenn Sie möchten, dass Ihr Sohn spätestens um 21 Uhr zu Hause ist, melden Sie das frühzeitig an. »Heute Abend bist du um 21 Uhr zuhause.« Stellen Sie die Uhrzeit nicht zur Diskussion, lassen Sie sich auf keine Verhandlung ein und drohen oder bitten Sie nicht. Machen Sie sich klar, dass die Regeln von Ihnen aufgestellt werden müssen, weil Ihr Kind oder Jugendlicher dazu (noch) nicht in der Lage ist. Nur so weiß Ihr Kind, was Sie genau von ihm erwarten.

- **Tagesplan aufstellen:**
  Besprechen Sie morgens, welche Aufgaben Ihr Kind am Tag erwarten. So kann es sich darauf einstellen und wird nicht von immer neuen Anforderungen überrollt. Hilfreich ist es auch, eine kleine Liste anzufertigen und diese beim Frühstück zu besprechen. Beschränken Sie die Punkte, um Ihr Kind nicht zu überfordern. Eine Liste könnte wie folgt aussehen:
  - Hausaufgaben von 14 bis 15 Uhr
  - Zahnarzt-Termin um 17 Uhr
  - Vokabeln abfragen nach dem Abendessen

- **Ziele verfolgen**
  Bleiben Sie konsequent, fordern Sie Vereinbarungen ein. Wenn Ihr Kind seine vereinbarten Aufgaben nicht erledigt, weisen Sie es immer wieder darauf hin. »Du weißt, dass du noch die Vokabeln lernen musst. Setz dich bitte in dein Zimmer und fang an! Ich höre dich wie geplant nach dem Abendessen ab.«

- **Nicht ablenken lassen**
Lassen Sie sich nicht auf Ablenkungsmanöver ein. Natürlich wird Ihr Kind versuchen, unangenehme Aufgaben zu umgehen, dazu hat es viele Möglichkeiten – und es ist nicht dumm. Ihr Kind weiß, auf welche Themen Sie anspringen und wie es von seinen Aufgaben ablenken kann. Bleiben Sie beim Thema, geben Sie nicht nach und verlieren Sie nicht die Geduld, seine Aufgaben immer wieder einzufordern. Hier sind ein langer Atem und viel Geduld gefragt.

- **De-Eskalation bei Erregung**
Wenn ihr Kind oder Jugendlicher aggressiv oder laut wird, senken Sie den Blick und sprechen Sie leiser. Lassen Sie sich nicht provozieren, sondern ignorieren Sie den Erregungszustand. Gönnen Sie sich und Ihrem Kind eine kleine Pause und fordern Sie anschließend die Aufgabe weiter ein.

- **Nonverbal reagieren**
Vermeiden Sie vorwurfsvolles Verhalten, korrigieren Sie Fehler nur durch ein kurzes Kopfschütteln. Weder extremes Lob noch extreme Strafen sind bei Kindern mit AD(H)S wirkungsvoll. Oft sind nonverbale Reaktionen effektiver als Worte. Verliert Ihr Kind die Konzentration, können Sie es mit einem kurzen Antippen oft schneller zurückholen als mit einer verbalen Ansprache. Auch eine Notiz auf einem Zettel, wortlos neben des Essteller gelegt, bringt Sie dem Ziel oft schneller nah als eine Diskussion.

- **Klare Grenze setzen**
Wenn eine Situation eskaliert, der Jugendliche unverschämt und respektlos handelt oder sogar aggressiv wird, hilft ein kurzes, lautes Stopp und ein Verlassen der Situation. »Stopp, so arbeite ich nicht mit dir. Beruhige dich erst einmal, später machen wir weiter.« Verlassen Sie den Raum und geben Sie

Ihrem Kind ausreichend Zeit, sich wieder zu beruhigen. Eine Klärung der Situation während der Erregungsphase oder kurz danach ist nicht möglich.

- **Vorbild sein**
  Kinder und Jugendliche lernen aus Erfahrung und durch Beobachtung. Leben Sie Ihrem Kind vor, wie es mit Konflikten umgeht, wie es seinen Tagesablauf plant und welcher zwischenmenschliche Umgang erwünscht ist. Geben Sie Ihrem Jugendlichen regelmäßig Rückmeldung über gelungene Aktionen, damit er sich an etwas Positivem orientieren kann.

5. KAPITEL

Sucht

Erhöhte Gefahr für Jugendliche mit AD(H)S

Ob auf dem vierten weltweiten Kongress zum Thema AD(H)S im Jahr 2013 – From Childhood to Adult Desease – oder beim 6. ADHD Europe Conference in Berlin, immer ist auch der Substanzmissbrauch bei von AD(H)S Betroffenen ein viel diskutiertes Thema. Unbestritten ist es inzwischen, dass die Störung anfällig für den Missbrauch von verschiedenen Substanzen macht.

Nach Professor Michael Huss, dem Direktor der Klinik für Kinder- und Jugendpsychiatrie und -psychotherapie der Johannes-Gutenberg-Universität in Mainz, beobachtet man bei Kindern mit einer AD(H)S ein deutlich erhöhtes Risiko für Substanzmissbrauch in der Adoleszenz und im Erwachsenenalter. Personen mit einer AD(H)S greifen früher zu Suchtmitteln und konsumieren diese in höherer Dosierung und über einen längeren Zeitraum. Es gebe allerdings Hinweise darauf, dass die Gefahr für Substanzmissbrauch durch die frühzeitige medikamentöse Therapie, beispielsweise mit retardiertem Methylphenidat, reduziert werden könne.[24]

In Gesprächen mit betroffenen Jugendlichen, aber auch in Internetforen und zahlreichen Fallstudien, sind Drogen immer

---

24 http://www.adhs-studien.info/adhs_bei_erwachsenen.html

wieder ein großes Thema. Betroffene scheinen überdurchschnittlich früh mit dem Rauchen zu beginnen, finden Gefallen an Alkohol und probieren weiterführend viele verschiedene Substanzen aus. Manche Studien belegen, dass bis zu 50 Prozent der Erwachsenen mit AD(H)-Symptomen Anzeichen von Suchtstörungen aufweisen.[25]

Clemens fühlt sich ruhiger

Eine ganze Reihe von verschiedenen Faktoren haben bei Clemens dazu geführt, dass er unterschiedliche Drogen ausprobiert hat und weiterhin konsumiert. In erster Linie genießt es der 15-Jährige, endlich mal Ruhe vor sich selbst zu haben, der Langeweile und der inneren Leere zu entfliehen. Außerdem helfen ihm die Drogen – von Zigaretten über Alkohol und Cannabis – einer Gruppe von Gleichgesinnten anzugehören. Zu gedröhnt sind alle abgestumpfter, nicht so anspruchsvoll und das gemeinsame »gegen die Regeln verstoßen« schweißt zusammen. Da dieser Zusammenhalt nur in berauschtem Zustand wahrgenommen wird, steigt der Wunsch nach dem Genuss von Suchtmitteln bei Clemens weiter an. Bereits mit 11 Jahren hat Clemens zur Zigarette gegriffen, mit 13 Jahren rauchte er regelmäßig ein Päckchen am Tag. Auch Alkohol hilft Clemens, sich besser zu fühlen. Als er mit 14 Jahren seinen ersten Joint geraucht hat, war schnell klar, dass er sich mit Cannabis noch besser fühlt. Inzwischen vergeht kein Wochenende, und oft auch nur wenige Wochentage, an denen Clemens nicht ein Pfeifchen oder einen Joint raucht. Damit kommt er einfach entspannter durch den Tag, auch wenn ein bohrendes Gefühl in ihm den ständig wachsenden Konsum kritisch beäugt.

---

25 Edel & Vollmoeller, 2006

AD(H)S und Nikotin

In zahlreichen Studien wurde bereits das Verhältnis von AD(H)S und Nikotin untersucht. Rund 50 Prozent der von einer AD(H)S Betroffenen sind Raucher, im Rest der Bevölkerung liegt der Prozentsatz bei 26 Prozent also um die Hälfte niedriger. Generell haben Betroffene ein erhöhtes Risiko süchtig zu werden, wenn sie nicht behandelt werden. Nikotin scheint sich sehr positiv auf die Eigenwahrnehmung auszuwirken und einen ähnlichen Effekt wie Amphetamin-Derivate zu haben.[26] Nikotin wird wegen seiner Wirkung sogar als mögliches Therapeutikum diskutiert. Auch erhöhter Kaffee-Konsum ist bei AD(H)S häufig anzutreffen.

AD(H)S und Alkohol

Der Alkoholmissbrauch ist bei von einer AD(H)S Betroffenen ungefähr doppelt so häufig wie bei Nichtbetroffenen. Zum einen ist das auf die schwer zu steuernde Impulsivität zurückzuführen, zum anderen scheint Alkohol, ebenfalls wie Kaffee, zur Selbstmedikation genutzt zu werden.[27] Außerdem liegt die Hemmschwelle, Alkohol zu trinken, niedrig und die Beschaffung ist unproblematisch.

AD(H)S und Cannabis

Das Ausprobieren von weichen Drogen wie Cannabis gehört bei vielen Jugendlichen zur Sozialisation dazu. Als Mutprobe, auf Partys oder beim Sex wird Cannabis ausprobiert und ausgetestet. Bei Personen mit einer AD(H)S scheint sich der Wirkstoff THC anders auszuwirken als bei Nichtbetroffenen. »*Es*

---

26 Pontieri u. a., 1996
27 http://adhspedia.de/wiki/Sucht

muss berücksichtigt werden, dass THC im Fall der AD(H)S atypische Wirkungen verursachen und sogar zu einer Verbesserung fahrrelevanter Leistungen führen kann.«[28]

Auch die Medizin setzt in manchen Fällen auf das Rauschmittel. Anfang 2014 gab es in Deutschland 21 Personen mit einer AD(H)S, die eine Ausnahmeerlaubnis zum Erwerb von Cannabis aus einer deutschen Apotheke besaßen.

Wechselwirkung von Cannabis und Medikamenten

Für viele Jugendliche ist der Genuss von Nikotin, Cannabis, Alkohol oder anderen Drogen eine Möglichkeit, die innere Gefühlswelt zu beruhigen. So geht es auch Adrian (17), der seinen Cannabis Konsum als eine Form der Selbstmedikation betreibt.

Wenn Adrian stoned ist, fühlt er sich weniger grüblerisch, ruhiger und entspannter. Er ist nicht so launisch und kommt mit sich und anderen besser aus. Dieser Zustand ist für Adrian so erstrebenswert, dass er ihn immer öfter herbeiführen möchte. Es vergeht kaum ein Tag, an der der aufgeweckte Junge nicht kifft.

Nach dem Realschulabschluss, der Adrian mit viel Mühe und großer Unterstützung durch seine Familie gelingt, beginnt er eine Ausbildung als Heizungsbauer. Adrian gefällt es in seinem Ausbildungsberuf sehr gut, er mag die Arbeit und kommt mit seinen Kollegen gut zurecht. Allerdings verzweifelt er beim Lernen für die Prüfungen. Er kann sich einfach nicht auf den Lernstoff konzentrieren, lässt sich schnell ablenken und merkt sich das Durchgelesene nicht. Adrian schiebt das Lernen auf, wo immer es geht. Sein Abschluss ist in Gefahr.

Dann erinnert er sich an seine Schulzeit und schlägt seinen Eltern vor, für die Dauer der Prüfungsvorbereitungen wieder Ritalin zu nehmen. In der Schule hat ihm das Medikament

---

[28] http://www.cannabis-med.org/data/pdf/de_2008_01_1.pdf

auch geholfen, warum sollte er es nicht wieder nutzen? Der Familienrat tagt und einigt sich darauf, diesen Versuch zu starten. Adrian und seine Mutter suchen einen Arzt auf und schildern die Problematik. Aufgrund der gut dokumentierten Krankengeschichte von Adrian wird das Medikament nach einer Gesundheitsprüfung erneut verschrieben. Von seinem Cannabis Konsum erzählt Adrian beim Arzt allerdings nichts.

Als er nun wieder regelmäßig Ritalin nimmt, erwartet er eine Verbesserung seiner Aufmerksamkeit und Konzentration. Er hofft, dass ihm das Lernen für die Prüfungen jetzt leichter fällt. Doch die erhoffte Wirkung tritt nicht ein. Auch nach zwei Wochen verbessert sich die Aufmerksamkeit von Adrian nicht, seine Prüfungsnoten sind entsprechend schlecht. Das Ritalin hat seine Wirkung nicht entfalten können.

Warum wirkt Ritalin nicht?

Als Kind bekam Adrian einige Jahre Ritalin, nachdem seine schulischen Leistungen immer schlechter geworden waren. Mit dem Eintritt in die Pubertät legten sich viele Symptome und die Familie entschied gemeinsam, es nun ohne Psychopharmaka zu versuchen. Die Nebenwirkungen waren unangenehm, und die gesamte Familie wollte lieber ohne Medikamente auskommen. Das Experiment gelang, und mit vereinten Kräften konnte Adrian den Realschulabschluss schaffen.

Gegen Ende seiner Schulzeit kam Adrian, wie so viele Jugendliche, mit Cannabis in Kontakt. Die Wirkung des Suchtmittels empfand er als heilsam und hilfreich, linderte es doch seine Unruhe und entspannte ihn. Adrian begann regelmäßig Cannabis zu konsumieren. Im Alltag empfindet er dieses Verhalten als unproblematisch, seine Ausbildung beeinflusst der Konsum bisher nicht.

Als Konsument von Drogen hätte Adrian von seinem Arzt das Ritalin gar nicht verschrieben bekommen, da das laut Betäubungsmittelgesetzt verboten ist. Nicht nur Konsumenten von Drogen, sondern auch Menschen, die mit Drogenkonsumenten Kontakt haben, sind von der Medikation mit Ritalin laut Gesetz ausgeschlossen. Die Vernunft, die es für diese Behandlung braucht, wird bei einem Kontakt oder Konsum von Drogen als nicht vorhanden vorausgesetzt.

Darüber hinaus hebt Cannabis die Wirkung von Ritalin auf. Beide Stoffe haben gegensätzliche Wirkungsweisen. Cannabis hat eine dämpfende Wirkung und Methylphenidat eine aktivierende.

Ritalin oder Cannabis?

Natürlich ist der Abschluss seiner Ausbildung für Adrian sehr wichtig, deshalb ist gegen eine ärztlich verordnete und kontrollierte Gabe von Ritalin nichts einzuwenden. Der gleichzeitige Konsum von Cannabis, bzw. auch der generelle Konsum der Droge, sollte aus verschiedenen Gründen beendet werden.

- Die bei Menschen mit einer AD(H)S häufig vorhandene Entwicklungsverzögerung wird durch den Konsum von Cannabis noch verstärkt.
- Die Gefahr einer paranoiden Schizophrenie oder einer Psychose steigt bei der Kombination von einer AD(H)S und Drogen an.
- Cannabis hemmt das Aufnahmevermögen, der Lernstoff bleibt nur schwer im Gedächtnis. Die Aufmerksamkeit leidet.
- Folgen: Wer in der Jugend mit Cannabis polizeiauffällig geworden ist, kann vor dem Erwerb des Führerscheins zu einem Test verpflichtet werden.

Die geringe Gabe von Cannabis als medizinische Intervention bei einer AD(H)S wird diskutiert und in seltenen Fällen auch umgesetzt. Dabei ist eine medizinische Begleitung durch einen

Arzt Voraussetzung. Die Selbstmedikation durch Jugendliche ohne jegliche Kontrolle birgt allerdings viele Risiken und sollte vermieden werden. Menge und Häufigkeit des Konsums sowie die Zusammensetzung der Droge sind willkürlich und können leicht ausufern.

Der 17-jährige Adrian überlegt nach einem weiteren Gespräch mit seinem Arzt, seinen Cannabis Konsum zugunsten des Medikaments zu beenden. Die Folgen des Cannabis-Konsums, besonders für Patienten mit einer AD(H)S, kann der Arzt als Fachmann überzeugend vortragen. Nun hat Adrian eine Chance, mit dem Metylphenidat seine inneren Unruhezustände zu verbessern und sich intensiv auf seine Prüfungen vorzubereiten.

Spannung und Abwechslung im Internet

Geradezu wie für Menschen mit AD(H)S gemacht sind die Bildschirmmedien und das Internet. Deshalb ist es auch nicht erstaunlich, dass ein Zusammenhang zwischen einer AD(H)S und der Nutzung der digitalen Medien in vielen Studien gefunden wurde. Das schnelle Springen zwischen verschiedenen Browserfenstern und dem E-Mail-Programm befriedigt den Wunsch nach Abwechslung und Spannung. Immer neue Informationen, einfache Kontaktaufnahme und -abbruch mit anderen Personen, viel visuelle Abwechslung und ein rasantes Tempo binden die Aufmerksamkeit stark. Im Internet tritt Langeweile kaum auf, denn das Angebot an Alternativen ist riesengroß.

Auch Computer- oder Browserspiele kommen dem Konsumverhalten von Jugendlichen mit einer AD(H)S entgegen, denn sie müssen hier nicht lange auf eine Rückmeldung warten. Aktionen werden umgehend bestraft oder belohnt, wobei eine Bestrafungsaktion ebenfalls als positives Feedback bewertet wird, weil das Spiel weitergeht. Außerdem gibt es eine schier unübersichtliche Vielfalt von Spielangeboten, bei denen sich der Jugendliche immer wieder in andere Figuren oder Spielwelten begeben kann. Das Neugier-Verhalten und die Sensationsgier werden hier mit visuellen, akustischen und manchmal sogar taktilen Reizen sofort befriedigt.

Und es gibt noch mehr Vorteile: Für Jugendliche mit einer AD(H)S sind Computerspiele enorm reizvoll, weil sie ihnen die Möglichkeit bieten, aus der realen Welt zu fliehen und in einem Paralleluniversum eine andere Persönlichkeit aufzubauen. Hier finden sich Freunde und werden Kontakte geknüpft, die im Schulalltag, in einem Verein oder in der Ausbildung so schwer zu bekommen sind. Das Internet ermöglicht von AD(H)S Betroffenen die schnelle, günstige und einfache Kompensation von personellen oder emotionalen Defiziten. Es ist nachvollziehbar, dass diese Versprechen ein hohes Suchtpotenzial bergen, zumindest in der von Unsicherheiten und Selbstzweifeln geprägten Zeit der Pubertät.

Svenja lebt als Avatar

Svenja ist 17 und macht eine Ausbildung zur Einzelhandelskauffrau. Obwohl die Ausbildung ganz gut läuft, hat sie Probleme, Kontakt zu den anderen Jugendlichen zu bekommen. Stattdessen bewegt sie sich im Internet, sie hat das Spiel »Game of War«, ein Browsergame, für sich entdeckt. In jeder freien Minute, sobald es die Ausbildung oder die Berufsschule zulassen, loggt sie sich ein und spielt. Bei dem Strategiespiel geht es um die Machtergreifung in einem Königreich. Dabei tun sich verschiedene Spieler zusammen und erleben gemeinsam Abenteuer.

Ihr Avatar ist das genaue Gegenteil von der echten Svenja. Im Spiel ist sie beliebt und Teil einer festen Gruppe, die gemeinsam Aufgaben bewältigen und Abenteuer erleben. Immer intensiver taucht Svenja in die Spielwelt ein. Wenn sie den Rechner einmal angeschaltet hat, kann sie nur schwer wieder aufhören. Wo immer es geht, nutzt sie ihr Smartphone, um das Spiel weiterzuverfolgen. Bald erschafft sie sich eine zweite und eine dritte Persönlichkeit und lebt aus, was ihr im echten Leben nicht gelingt.

Endlos im Netz unterwegs

Für viele Jugendliche mit einer AD(H)S ist es eine Wohltat, nach den anstrengenden Schulstunden in ihre Computerspielwelt abzutauchen oder sich stundenlang bei YouTube ein Video nach dem anderen anzusehen. Solange sie dabei nicht den Realitätsbezug verlieren und den Anforderungen von Schule oder Ausbildung noch gerecht werden, ist dagegen nichts einzuwenden. Je nach Alter kann es sinnvoll sein, auf dem Smartphone oder Computer eine Jugendschutz-Software zu installieren oder zu aktivieren.

Pornografische oder Gewalt verherrlichende Angebote und Internetseiten oder Computerspiele können so zumindest zum Teil eingeschränkt werden. Allerdings sind die Möglichkeiten hier begrenzt, denn Jugendliche finden schnell heraus, wie sie Sperren umgehen können, oder wie sie andere Zugangswege zu den Informationen finden.

Tipp: Wann immer sich eine Gelegenheit ergibt, sollten Eltern mit den Jugendlichen gemeinsam im Internet unterwegs sein und sich zeigen lassen, was diese gerade so interessiert. Dabei ist Fingerspitzengefühl gefragt, denn es gilt, den schmalen Grat zwischen Kontrolle und Vertrauen zu finden. Häufige Gespräche auf Augenhöhe über die Möglichkeiten, Grenzen und Gefahren des Internets lassen bei dem Jugendlichen ein Verantwortungsbewusstsein wachsen. Wenn er sich nicht bevormundet fühlt, sondern in seinen Eltern interessierte Gesprächspartner sieht, wird er offener und ehrlicher über sein Verhalten im Internet sprechen können. Bei der Vermutung einer Internetsucht können entsprechende Fachleute bei Beratungsstellen weiterhelfen.

Tipps gegen die Internetsucht

1. Je langsamer das Internet ist, desto weniger Spaß macht das Surfen. Drosseln Sie die Geschwindigkeit der internetfähigen Geräte Ihres Kindes.
2. Falls möglich, stellen Sie den Computer in ein Arbeitszimmer, wo er nicht ständig gesehen wird.
3. Bieten Sie Ihrem Kind oder Jugendlichen Alternativen zum Bildschirm an.
4. Belohnen Sie internetfreie Beschäftigungen, zum Beispiel durch Aufmerksamkeit, gute Gespräche oder Komplimente.
5. Helfen sie Ihrem Kind dabei, die Spielzeiten zu begrenzen und regen Sie immer wieder Pausen an.

Liebe und Partnerschaft

Sascha (17) ist überglücklich, denn er ist verliebt. Endlich hat Kira ihn erhört, und seit einigen Monaten sind die beiden ein Paar. Sie verbringen so viel Zeit wie möglich zusammen und planen, bald auch gemeinsam zu leben. Kira hat bereits eine eigene Wohnung, sodass Sascha hier immer öfter auch über Nacht bleibt. Die beiden Jugendlichen befinden sich noch in der Ausbildung, Kira studiert Soziologie und Sascha steckt gerade mitten in seiner Ausbildung zum Landschaftsgärtner. Es ist bereits sein zweiter Ausbildungsversuch.

In den Sommerferien haben beide viel freie Zeit und sind Tag und Nacht zusammen. Die anfänglich so intensive und harmonische Beziehung bekommt erste Risse, als Kira vorsichtig vorschlägt, doch mal ein paar Nächte getrennt zu schlafen. Sascha ist irritiert und fühlt sich abgelehnt und er kann

5. Kapitel

sich die Gründe für Kiras Vorschlag nicht erklären. Nach einigen gefühlsbetonten Diskussionen rückt Kira mit der Sprache raus – Saschas Unruhe stört sie zunehmend. Sascha versteht zunächst gar nicht, was seine Freundin eigentlich meint. Der Perspektivwechsel fällt ihm schwer, er fühlt sich zu Unrecht beschuldigt und kritisiert.

Dann erklärt Kira ihm, wie sich ein gemeinsamer Abend für sie anfühlt. Dazu hat sie eine Liste erstellt, in der sie ihre Beobachtungen eines einzigen Abends festgehalten hat.

Saschas Unruhe zeigt sich so:

- Er führt Selbstgespräche.
- Er presst Luft durch die geschlossenen Lippen und produziert merkwürdige Geräusche.
- Er zwirbelt seine Haare und wippt mit dem Kopf im Takt zu imaginärer Musik.
- Er wechselt auf dem Sofa ununterbrochen alle 30 Sekunden seine Position.
- Er kommentiert ständig die Fernsehsendung und kommt dabei vom Hundertsten ins Tausendste.
- Er stellt ständig neue Aktionspläne auf, will erst Einkaufen gehen, dann Gitarre üben und fünf Minuten später etwas kochen.
- Er beginnt die CD zu suchen, die er nachmittags gekauft hat.
- Auf dem Weg bemerkt er, dass die Pflanzen Wasser brauchen und fängt an, sie zu gießen.
- Dabei überlegt er laut, wie viel Wasser eine Pflanze wohl aufnehmen kann und wie er das feststellen könnte.
- Er folgt der Handlung des Spielfilms nicht, fragt immer wieder nach, worum es geht.
- Er kann sich nicht entscheiden, ob er sich einen grünen oder einen schwarzen Tee machen soll.
- Er trommelt auf seine Zähne und knetet sein Ohr.
- Auf dem Weg in die Küche übt er den Moonwalk.

Sascha ist total erstaunt, denn ihm selber fällt seine Unruhe überhaupt nicht auf. Allerdings muss er gestehen, dass er den Spielfilm langweilig fand und lieber etwas anderes gemacht hätte als fernzusehen. Erst versucht er es mit einer Notlüge und streitet alles ab. Dann wehrt er sich verbal und wirft Kira vor, sich die Dinge ausgedacht zu haben.

Erst nach einer Nacht, die beide getrennt voneinander verbringen und in der Sascha kaum zum Schlafen kommt, kann er die Argumente von Kira überdenken. Dabei gelingt es ihm nur sehr langsam, die Kritik seiner Freundin nicht als ganzheitliche Ablehnung seiner Person zu sehen. Sascha will seine Freundin nicht verlieren und versucht, ihre Wünsche umzusetzen. Das fällt ihm extrem schwer, denn er hat große Verlustängste.

Wie fühlt sich Beziehung für einen Jugendlichen mit AD(H)S an?

Zu Beginn einer neuen Beziehung überwältigt die Intensität der Gefühle jeden Menschen und auch solche mit AD(H)S sind davor nicht gefeit. Sie begeben sich mit Haut und Haaren in die neue Situation und genießen jeden Moment. Ihre innere und äußere Unruhe werden durch die tiefen Gefühle und die Sexualität quasi »ruhig gestellt«. Doch Jugendliche mit einer AD(H)S sind auch extrem stimmungslabil. Sie reagieren heftig, wenn sie verliebt sind. Ihr starkes Bedürfnis nach Harmonie und Übereinstimmung steht im Gegensatz zu ihrer mangelhaften Fähigkeit, sich in andere einzufühlen und auf deren Bedürfnisse einzugehen.

Schnell kann es zu eifersüchtiger Überkontrolle und zähem In-Beschlag-Nehmen des Partners kommen, möglicherweise auch verbunden mit unkontrollierten Wutausbrüchen. Den Jugendlichen fällt es schwer, ihren eigenen Anteil an den Konflikten zu erkennen und zu akzeptieren. Eine liebevolle, gleichberechtigte und stabile Beziehung mit einem Menschen mit AD(H)S zu führen, ist daher nicht leicht. Hinzu kommt eine ausgeprägte Angst davor, verlassen zu werden. Scheitert eine Beziehung, erlebt der Betroffene die Trennung mit heftigsten Gefühlen und leidet extrem darunter.

Auch Routine bedroht die Beziehung

Nach einer gewissen Zeit tritt in jeder Beziehung Routine ein und das Gefühl der Verliebtheit verliert an Intensität. Jetzt beginnt der ganz normale Alltag mit allem, was dazu gehört. Es wird eingekauft und ferngesehen, man trifft sich mit Freunden, kocht und räumt die Wohnung gemeinsam auf.

Für Menschen mit AD(H)S bedeutet das, die Langeweile des Alltags klopft nach einer aufregenden Zeit der ersten Verliebtheit wieder an. Schnell ist auch die innere Unruhe wieder da. Für die jeweiligen Partner ist es ganz neu, dass der Freund oder die Freundin plötzlich so »hibbelig« ist, denn sie haben ihn ja in den letzten Wochen ganz anders erlebt, sehr aufmerksam, wahrscheinlich hyperfokussiert. In ihrer hoch sensiblen Art tauchen Jugendliche mit einer AD(H)S zu Beginn einer Beziehung sehr tief in die Gefühlswelt ein. Sie tragen den anderen auf Händen, lesen ihm jeden Wunsch von den Lippen ab und schaffen so ein ganz außergewöhnlich intensives Klima. Doch dieser Zustand ist nicht von Dauer.

Das Hyperfokussieren überdeckt nur für eine gewisse Zeit den normalen Zustand, also die Impulsivität, die innere und meist auch äußere Unruhe. Wenn sie wieder die Oberhand gewinnt, kommen auch die vertrauten Verhaltensweisen wieder. Der Partner kann dann leicht denken, der andere habe das Interesse an ihm verloren, weil er dieses Verhalten noch nicht kennt. Hinzu kommt, dass ein Perspektivwechsel für Menschen mit einer AD(H)S nicht leicht ist. Sie verstehen oft schlichtweg nicht, was der andere an ihnen auszusetzen hat.

Zu den Problemfeldern einer Partnerschaft mit einem Betroffenen können die folgenden Punkte gehören

- halbherziges Zuhören
- Nichteinhalten von Absprachen oder Versprechen
- schlecht Planen können
- Aufregen über Kleinigkeiten
- Berührungen nicht immer ertragen zu können
- immer Ausreden finden
- sehr ungeduldig sein
- unterschiedliche Schlafrhythmen
- starker Freiheitsdrang

Das kann zu großen Problemen führen und jede Beziehung auf eine harte Probe stellen.

Wie gelingt eine Partnerschaft?

Wer eine Partnerschaft mit einem von AD(H)S Betroffenen eingeht, muss tolerant, geduldig und hartnäckig sein. Die einzelnen Symptome der Störung zu kennen hilft, die Reaktionen, das Verhalten und die Äußerungen des anderen richtig einzuordnen.

Das mangelhafte Zeitgefühl, die Unordnung, die Schwierigkeit des Perspektivwechsels und Probleme mit dem Geld- oder Zeitmanagement stellen jede Beziehung auf eine harte Probe. Gut, wenn der Partner über die möglichen Schwierigkeiten früh informiert wird und alle Krisen ausgiebig besprochen werden. Ein Coaching oder regelmäßige Gespräche mit einem Therapeuten können der Beziehung zu einem stabilen Fundament helfen.

Was ebenfalls dabei hilft, eine Partnerschaft mit einem Menschen mit AD(H)S positiv zu gestalten:

- Das Paar sollte ein gemeinsames Hobby haben (Nähe) und auch getrennten Interessen nachgehen (Distanz).
- Ein gemeinsamer Planer, auf den alle Termine sorgfältig eingetragen werden, ist unerlässlich für das Zeitmanagement.

- Die Finanzen regelt der strukturiertere, verantwortungsbewusste Partner.
- Wenn sich die Vorstellungen von Ordnung stark unterscheiden, muss eine Haushaltsordnung oder eine Reinigungskraft her.
- Einmal in der Woche gibt es eine gemeinsame Zeit, in der alles Wichtige und Organisatorische besprochen wird.

Auf beiden Ohren taub

Paula ist 19 Jahre alt und vor kurzem zu ihrem Freund gezogen. In der Schule hatte sie kaum Kontakte, feste Freundschaften hat sie bisher nie erlebt. Nachdem sie mit Mühe den Hauptschulabschluss geschafft hatte, begann sie zwei Ausbildungen, die sie wieder abbrach. Ständig kam sie zu spät oder schwänzte ganz. Sie konnte sich nicht zum Lernen motivieren und fand in beiden Ausbildungen keinen Anschluss.

Als sie sich verliebte, blühte die junge Frau auf und entschied schnell, mit ihrem Freund zusammenzuziehen. Ihre Eltern sind mit der Situation nicht glücklich, denn Paulas Freund ist um einiges älter als ihre Tochter und zurzeit arbeitslos. Beide sind viel zuhause, spielen Computerspiele und trinken regelmäßig Alkohol. Alle Versuche, die Tochter zu einer Ausbildung zu bewegen, misslingen. Paula ist glücklich, endlich einen Freund zu haben, und folgt ihm, was immer er vorschlägt. Auf ihre Eltern hört sie nicht mehr. Ihre Beziehung will sie um keinen Preis aufs Spiel setzen.

Was geht in Paula vor?

Die Probleme im Kontakt mit anderen, das Alleinsein oder das Ausgegrenzt-Werden sind für Jugendliche mit einer AD(H)S ein verhasster Zustand. Um zu einer Gruppe dazuzugehören oder Freunde zu haben, gehen sie große Risiken ein, deren Auswirkungen sie nicht abschätzen können.

Manche Jugendliche lassen sich beispielsweise in einem extremen Ausmaß tätowieren oder piercen, sie probieren verschiedene Drogen aus, werden kriminell oder versuchen über sexuelle Kontakte Teil einer Gruppe zu werden. Ihr mangelhafter Sinn für Gefahren, ihre Gutmütigkeit und ihre Offenheit sind dabei eine permanente Gefahr. Außerdem lernen sie nicht aus Fehlern, sondern wiederholen sie bei der nächsten Gelegenheit wieder. Sobald sie die Möglichkeit sehen, als Teil einer Gemeinschaft anerkannt zu werden, nutzen sie diese. Erst spät entwickeln sie die Fähigkeit, Situationen und Personen realistisch einzuschätzen.

Paula hat mit ihrem Freund einen Weg gefunden, anerkannt zu werden und einen vermeintlichen Schritt in die Selbstständigkeit zu machen. Dass sie dabei in eine Sackgasse steuert, nimmt sie zurzeit nicht wahr. Zu wichtig ist es ihr, endlich nicht mehr alleine zu sein.

Wie können Paulas Eltern mit der Situation umgehen?

Da Paula volljährig ist, können ihre Eltern nicht mehr über ihr Leben bestimmen. Die Entscheidung ihrer Tochter müssen sie vorerst hinnehmen. Trotzdem sollten sie darauf achten, einen guten und engen Kontakt zu der jungen Frau zu halten und auch den Freund nicht auszugrenzen. Anstatt zu kritisieren, sollten sie lieber Vorschläge machen, womit Paula ihre Zeit sinnvoll verbringen kann. Sobald Paula ihre Lebenssituation kritisch hinterfragt, können die Eltern ihr unterstützend zur Seite stehen und ihr helfen, doch noch eine Ausbildung abzuschließen. Natürlich fällt es schwer zu ertragen, dass das eigene Kind ohne Berufsausbildung durchs Leben geht. Doch dieser Zustand muss nicht von Dauer sein. Jugendliche mit einer AD(H)S reifen langsamer und brauchen mehr Zeit, um ihren Weg im Leben zu finden. Auch mit Mitte 20 ist es problemlos noch möglich, eine Ausbildung zu machen und auf dem Arbeitsmarkt einen Platz zu finden.

Umgang mit Sexualität

Eine Störung der Aufmerksamkeit (in Form von Ablenkbarkeit oder mangelnder Ablenkbarkeit) ist zwangsläufig verbunden mit der gesamten emotionalen Verhaltenssteuerung in der Reaktion auf Reize und Objekte der Umwelt. Insbesondere die Reizfilterschwäche und die erhöhte Sensibilität haben im Bereich der Sexualität gravierende Auswirkungen.

Hypersensibel und schnell unter Druck

Viele Jugendliche mit AD(H)S sprechen im Internet in unterschiedlichen Foren offen über ihre Sexualität. Als ein großes Hindernis empfinden sie ihre Hypersensibilität, die schnell zu einer sexuellen Blockade in der Partnerschaft führen kann. Betroffene lassen sich nur schwer auf den Partner ein, sind schnell überreizt oder abgelenkt und fühlen sich unter Druck. Das Interesse an der Sexualität kann sowohl beeinträchtigt als auch erweitert sein, in jedem Fall ist es schwierig, sich mit dem Partner gleichzuschalten. Trotzdem beginnen sie relativ früh mit sexuellen Aktivitäten (mit ca. 15 Jahren) und haben mehr Sexualpartner als Jugendliche ohne eine AD(H)S.

Die sexuelle Entladung hilft ihnen dabei, Spannungen und Druck abzubauen, sowohl gemeinsam mit ihrem Partner als auch bei der Selbstbefriedigung.

Da Jugendliche mit AD(H)S immer wieder negative Erfahrungen mit sozialen Kontakten machen, nutzen einige die Sexualität auch als Bindemittel. Miteinander zu schlafen ist auch eine Form von Nähe, die vielen Betroffenen so fehlt.

Teenager-Schwangerschaft und sexuelle Treue

Von einer AD(H)S betroffene Menschen sind ständige Reizüberflutung gewöhnt. Das Gefühl der Langeweile und Eintönigkeit ist für sie nur schwer auszuhalten, auch in der Partnerschaft. Im Sinne der Selbstmedikation werden unterschiedliche Stimuli gesucht, zu denen auch die sexuelle Aktivität gehört. Die Impulsivität als Bestandteil der Störung verhindert ein rechtzeitiges Überdenken der sexuellen Handlung. Das kann für die Partnerschaft verheerende Folgen haben, vor allem im Bereich der Treue. Die Jugendlichen und jungen Erwachsenen tragen ebenfalls ein erhöhtes Risiko für sexuell übertragbare Krankheiten und für ungewollte Schwangerschaften, da die Verhütungsmaßnahmen oft mangelhaft sind. Das zieht weitere Probleme nach sich.

Untersuchungen haben ergeben, dass Jugendliche mit einer AD(H)S eine wesentlich höhere Rate an ungewollten Schwangerschaften aufweisen als andere (38 % vs 4 %).[29] Viele Jugendliche tragen die Kinder aus und sind dann mit einer frühen Elternschaft konfrontiert. Das führt zu zahlreichen Schwierigkeiten, denn ein verantwortungsbewusster und strukturierter Erziehungsalltag überfordert die Jugendlichen aufgrund ihres Alters und ihrer AD(H)S. Ohne Hilfe scheitern viele an dieser anspruchsvollen Aufgabe.

Aufklärung und Kontrolle sind wichtig

Das Thema Sexualität muss mit den Jugendlichen frühzeitig angegangen werden, um ungewollte Schwangerschaften oder die Ansteckung mit Krankheiten zu verhindern. Dabei reicht es nicht, den Jugendlichen einmal auf das Thema anzusprechen

---

29 Barkley & Murphy 1998, ADHD: A Clinical Workbook Milwaukee Young Adult Outcome Study

und dann zu hoffen, dass er sich schon verantwortungsbewusst verhalten wird. Noch vor den ersten sexuellen Kontakten sollte über Verhütungsmittel nachgedacht werden. Ein gemeinsamer Besuch beim Gynäkologen, der berät und informiert, ist für junge Mädchen sinnvoll. Bei der Pille muss bedacht werden, dass Jugendliche mit AD(H)S leicht die Einnahme vergessen.

Kriminalität

Leon (16 Jahre) hat die Polizei zu Besuch. Bei einer Durchsuchung seines Zimmers finden die Beamten neben kleinen Mengen Marihuana auch eine Kiste mit über 50 Mercedes Sternen. Der 16-Jährige hat es sich mit seinen Freunden zum Spaß gemacht, an den Wochenenden die Straßen der Umgebung nach entsprechenden Autos abzusuchen und dann die Sterne abzubrechen und zu stehlen. Mehr als eine Mutprobe ist die sinnlose Tat nicht, denn die Sterne haben keinen großen materiellen Wert. Da einer der Autobesitzer Leon gefilmt hat, konnte die Polizei den Jugendlichen ausfindig machen. Leons Eltern befürchten, dass die Diebstähle mit Sachbeschädigung der erste Schritt zu einer kriminellen Karriere ihres Sohnes sind.

Wie hängen AD(H)S und Kriminalität zusammen?

Immer wieder zeigen Untersuchungen, dass die Begleiterscheinungen der Störung Einfluss auf das kriminelle Verhalten von Betroffenen haben. Das gestörte Sozialverhalten und die erhöhte Risiko- und Gewaltbereitschaft machen Kinder und Jugendliche schnell zu Außenseitern. Da sie in ihrem direkten Umfeld keine Freunde finden, suchen sie den Kontakt zu anderen Außenseitern und geraten so leicht in schlechte Gesellschaft.

Eine Studie schwedischer Forscher des Karolinska Institut kommt zu dem Ergebnis, dass möglicherweise die Behandlung der AD(H)S beim Versuch, das Verbrechensrisiko der Patienten zu senken, eine wichtige Rolle spielt. Wenn AD(H)S-Patienten mit Medikamenten wie Methylphenidat behandelt wurden, sank die Wahrscheinlichkeit für Vergehen um knapp ein Drittel (32%), berichten die Wissenschaftler um Henrik Larsson im Fachmagazin »New England Journal of Medicine«. Doch Medikamente alleine reichen auf Dauer nicht aus.

Die Studie zeigt auch, dass eine bestimmte Gruppe besonders gefährdet ist. Jugendliche, die Medikamente nehmen, weil sie bereits auffällig geworden sind. »Die Betroffenen brauchen zusätzlich eine Psychotherapie, um ihr kriminelles Verhalten in den Griff zu kriegen«, sagt Gudjonsson. Mit Hilfe der Medikamente könnten sie sich besser auf eine Therapie einlassen.

Verschiedene Studien kommen zu folgenden Ergebnissen, sodass ein Zusammenhang von AD(H)S und Delinquenz nicht zu leugnen ist:

- Jugendliche mit AD(H)S haben eine 4–5-fache Prävalenz von Drogenabhängigkeit (Weiss et al. 1985, Gittelman et al. 1985)
- 31 Prozent der jugendlichen Häftlinge haben eine AD(H)S (Gosden et al. 2003; n = 100)
- 25 Prozent bis 28 Prozent aller Inhaftierten in USA (Favarino 1988; Eyestone und Howell 1994) haben eine AD(H)S

Wie lässt sich das kriminelle Verhalten verhindern?

Zu den größten Problemen der betroffenen Jugendlichen zählt die Ausgrenzung aus der sozialen Gruppe. Wer sich als Außenseiter fühlt, keine Anerkennung bekommt und das Gefühl hat, nichts richtig zu machen, lehnt die gesellschaftlichen Regeln schnell ab. Warum soll der Betroffene sich an Regeln halten, von denen er selber nicht profitiert? Leider führt diese Einstellung nicht selten dazu, dass die Jugendlichen in einen Strudel aus harten Drogen und Beschaffungskriminalität hineingezogen werden. Doch diese Entwicklung lässt sich verhindern.

Je besser der Jugendliche in sein soziales Umfeld eingebunden ist, je mehr er sich anerkannt und geliebt fühlt, desto geringer wird sein Wunsch, sich andere Bezugspersonen zu suchen. Wichtig ist, dass weder Schule, noch das Elternhaus und die Freunde den Jugendlichen ausgrenzen.

Zu einer erfolgreichen Sozialisation und Integration von Jugendlichen mit AD(H)S gehören also verschiedene Faktoren.

- Eventuell eine Behandlung mit Medikamenten, wenn die Symptome anderes nicht zu regulieren sind.
- Eine begleitende Psychotherapie zur Unterstützung der schwierigen Lebenssituation.
- Schulischer Erfolg, unter Umständen in kleinen Gruppen und mit individueller Betreuung.
- Aufbau und kontinuierliches Betreiben von Hobbys, bei denen der Jugendliche Gleichgesinnte findet und sowohl Spaß als auch Erfolgserlebnisse hat.
- Der Rückhalt der eigenen Familie, die sich ebenfalls als Unterstützung eine fachliche Begleitung suchen sollte.
- Bei kriminellem Verhalten sofortiges Einschreiten, Ursachenforschung, reguläre Strafe und Wiedergutmachungsaufgaben.

Die Impulsivität und die Risikobereitschaft der Betroffenen können trotzdem dazu führen, dass der Jugendliche sich zu einer kriminellen Tat hinreißen lässt. Erschwerend kommt hinzu, dass die Fähigkeit, aus Fehlern zu lernen, nur schwach ausgeprägt ist. Eltern sollten also in der Pubertät ein wachsames Auge auf ihr Kind haben, um bei straffälligem Verhalten schnell und konsequent eingreifen zu können. Sie sollten sich auch nicht scheuen, qualifizierte Hilfe in Anspruch zu nehmen. Bei den örtlichen Erziehungsberatungsstellen, bei einem Psychotherapeuten oder direkt beim Jugendamt können sie Hilfen beantragen.

Auch die Selbsthilfegruppen sind eine gute Möglichkeit, Unterstützung bei der Erziehung zu erhalten. Es gibt regionale Gruppen, die zu persönlichen Treffen einladen, Internetforen oder spezielle Gemeinschaften bei Facebook. Hier eröffnet sich auch die Möglichkeit, nicht nur über Probleme zu schreiben, sondern sich auch zu treffen.

Richtungslos und verzweifelt

Bei manchen Jugendlichen mit AS(H)S, natürlich nicht bei allen, verläuft die Pubertät so problematisch, dass sie als junge Erwachsene ohne Ausbildung oder Beruf sind und keine Perspektive mehr sehen. So auch bei dem 22-jährigen Vincent, der gerade sein Physikstudium geschmissen hat und kurz vor dem Auslaufen seiner Krankenversicherung steht.

Vincent ist ein absoluter Einzelgänger, hat keine Freunde und wohnt noch bei seinen Eltern. Nach dem Abitur hat er eine Weile gejobbt, jede Beschäftigung aber nach kurzer Zeit wieder beendet. Nichts hat ihm gefallen. Aus Ratlosigkeit hat er sich dann für ein Physik-Studium eingeschrieben. Doch schon im zweiten Semester merkt er, dass die Uni nichts für ihn ist. Er versäumt viele Termine, verliert schnell den Anschluss und kann schon in den ersten Klausuren nicht bestehen. Da er sich in der Uni auch keiner Gruppe angeschlossen hat, fehlt ihm jegliche Motivation, überhaupt noch Vorlesungen zu besuchen. Seine Eltern drängen ihn, sich einen Ausbildungsplatz zu suchen, aber Vincent kann sich nichts vorstellen, was ihm gefällt. Er steht jetzt sehr unter Druck, weil er keinen Weg für sein künftiges Leben sieht.

Sein Termin beim Psychologen, den Vincent auf Drängen seiner Eltern vereinbart hatte, hat er »verschusselt«, weil er sich ein falsches Datum notiert hatte. Der junge Erwachsene weiß, dass er Unterstützung benötigt. Trotzdem kann er sich nicht genug motivieren, um endlich eine »reife« Entscheidung zu treffen. Vincent überlegt deprimiert, seine Sachen zu packen und sich auf eine Weltreise zu begeben. Doch er setzt seine Fantasie nicht um. Stattdessen vergräbt er sich immer mehr in seinem Zimmer und denkt manchmal daran, einfach Schluss zu machen.

Vincent ist richtungslos

Vincent ist mit seinen 22 Jahren eigentlich schon lange der Pubertät entwachsen. Sein Verhalten zeigt jedoch, dass er sich noch immer im richtungslosen Zustand eines Heranwachsenden befindet. Seine Eltern und Bekannten erwarten von ihm, dass er sich für eine Ausbildung entscheidet und diese konsequent durchzuziehen, damit er bald auf eigenen Beinen stehen kann. Mit dieser Erwartung ist Vincent hoffnungslos überfordert. Gleich mehrere Faktoren hindern ihn daran, sein Leben aktiv und positiv in die Hand zu nehmen.

- Er hat keine Interessen, keinen Berufswunsch, der ihm die Wahl einer Ausbildung erleichtern würde.
- Er hat keine Peergroup, keine Freunde, die ihn »mitziehen«.
- Er hat viele Misserfolgserlebnisse in seinen Jobs erlebt, sodass er sich nichts zutraut.
- Sein chaotischer Lebensstil macht es ihm schwer, Termine einzuhalten und Fristen zu wahren.
- Er hat eine depressive Tendenz und zieht sich oft allein in sein Zimmer zurück, anstatt die Dinge aktiv anzupacken.
- Seine Eltern sind mit ihren Kräften am Ende und wünschen sich, dass Vincent endlich selbstständig wird.

Vincent braucht eine Perspektive

Einen Termin beim Psychologen sollte Vincent auf jeden Fall wahrnehmen. Hier kann gemeinsam entschieden werden, ob eine Medikation sinnvoll ist. Doch das alleine reicht nicht aus, um Vincent auf den Weg in die Selbstständigkeit zu unterstützen und seinem Leben eine Perspektive zu geben. Die fehlt dem jungen Mann nämlich.

Da er mit seinen 22 Jahren noch immer nicht genau weiß, was er beruflich gerne machen würde, wäre eine individuelle und ausführliche Berufsberatung hilfreich. Bei diesen umfassenden Beratungsangeboten werden alle Aspekte einer Persönlichkeit beleuchtet und neben den individuellen Interessen und Fähigkeiten auch die persönlichen Verhaltensweisen in die Empfehlung aufgenommen. So wird beispielsweise jemand, der gerne mit Kindern arbeitet aber eher introvertiert ist, in Richtung Einzelarbeit statt Gruppenarbeit beraten.

Wenn Vincent sich durch eine individuelle Beratung eine mögliche Ausbildung oder ein Studium vorstellen kann, benötigt er zur Umsetzung einen Coach. Das kann ein Bekannter sein, ein väterlicher Freund, eine Tante – also jemand, der bei Vincent regelmäßig nachhakt, Tipps gibt, unterstützt und ermuntert. Die Eltern von Vincent sind mit dieser Aufgabe überfordert, da sie schon lebenslang die Coachs ihres Sohnes waren und nun erschöpft sind. Außerdem fehlt ihnen die nötige Objektivität und emotionale Distanz, um Vincent vorbehaltlos zu unterstützen.

Immer zu langsam

Pia ist 20 Jahre alt und hat mit viel Mühe und Aufwand das Abitur geschafft. Danach absolviert sie ein FSJ (Freiwilliges Soziales Jahr) in einem Kindergarten, weil sie anschließend gerne

Pädagogik studieren möchte. Das FSJ droht nun zu scheitern, weil Pia sehr langsam arbeitet und immer wieder Aufträge vergisst. Sie ist sehr verträumt und muss sich enorm anstrengen, um sich nicht in ihrer Fantasiewelt zu verlieren. In der Arbeit mit den Kindern führt das immer wieder zu Konflikten. Pia wird nicht ernstgenommen, ihre Kolleginnen fühlen sich nicht unterstützt und sie halten Pia für nicht verantwortungsbewusst.

Pia ist intelligent und hatte in der Schule recht gute Noten, ein Studium kann sie sich durchaus vorstellen. Sie strengt sich im FSJ an, alles richtig zu machen, scheitert aber immer wieder an ihrer Unkonzentriertheit. Sobald sie mit den Kindern kreativ arbeiten kann, also bastelt oder spielt, klappt alles wunderbar. Bei Routineaufgaben allerdings, die auch zum Alltag in einer Kita gehören, versagt Pia regelmäßig. Sie versäumt es, das Frühstück pünktlich vorzubereiten, hat bei Ausflügen ihre Gruppe nicht unter Kontrolle und schafft es bei Spielangeboten nicht, eine zeitliche Vorgabe einzuhalten.

Schon als Kind musste Pia immer angetrieben werden. Sie hat endlos lange geduscht, konnte sich nicht für einen Brotbelag entscheiden, ihr Sweatshirt war falsch herum angezogen und einer der beiden Strümpfe immer verschwunden. Hausaufgaben haben endlos gedauert, und am liebsten hat sie auf dem Bett gelegen und vor sich hin geträumt.

Hypoaktivität in der Ausbildung

Wer als Kind schon extrem verträumt war, behält diese Verhaltensweise häufig auch als junger Erwachsener bei. Erschwerend kommt dann jedoch hinzu, dass viel mehr Selbstständigkeit im Alltag gefordert wird. Als Kind ist es vertretbar, wenn die Eltern alles kontrollieren und viele Aufgaben übernehmen. Als junger Erwachsener wird erwartet, alles alleine geregelt zu bekommen. Gelingt das nicht, ist schnell der Stempel faul, träge oder unwillig verteilt. Für nicht Betroffene ist es schwer nachzuvollziehen, dass jemand nicht bewusst und absichtlich vergesslich, langsam oder verträumt ist.

Wie bekommt Pia ihre Langsamkeit in den Griff?

Auch bei den sogenannten Träumern ist es wichtig, den richtigen Beruf oder Ausbildungszweig zu finden. Klare Strukturen, Aufgaben mit regelmäßigen Kontrollen und ein verständnisvolles Team können sehr dabei helfen, eine Ausbildung erfolgreich zu absolvieren.

Darüber hinaus kann der von AD(H)S Betroffene selber auch an seiner Wahrnehmung arbeiten. Mit Terminplanern, Erinnerungsmodellen und einem offenen Umgang mit seinen Besonderheiten kann er den Druck verringern und Verständnis für seine Probleme gewinnen. Angebote und Kompromisse, beispielsweise das freiwillige Übernehmen von Zusatzaufgaben, helfen dabei, anerkannt zu werden und Langsamkeit auszugleichen.

Wenn die Arbeitsinhalte unter der Langsamkeit und Vergesslichkeit nicht leiden und Kollegen sich nicht ausgebeutet fühlen, muss eine AD(H)S für eine Ausbildung kein Problem sein. Wichtig dabei ist eine ehrliche Darlegung der Situation, Offenheit gegenüber Hilfsangeboten oder Kompromissen und der Wille, seine Verhaltensdefizite zu akzeptieren und daran zu arbeiten.

Diese Jugendlichen sind auf einem guten Weg

Wer mit der Störung leben muss, braucht häufig länger als andere, um seinen Weg im Leben zu finden. Verständlich, denn neben den ganz normalen Anforderungen eines Alltags von Heranwachsenden muss der Betroffene noch viele andere Schwierigkeiten aus dem Weg räumen. Jedes bewältigte Problem darf als Erfolg gesehen und gefeiert werden. Schritt für Schritt bewegt sich der Jugendliche so in die richtige Richtung.

Ronny wird Steinmetz

Ronny ist 16 Jahre alt und blickt auf eine »Karriere« mit einer AD(H)S zurück, die seine Eltern oft an ihre Grenzen gebracht hat. Seine Ausraster, seine Aggressivität und sein Schulversagen haben dazu geführt, dass er auf gemeinsame Entscheidung der Familie hin nach etlichen Therapieversuchen mit 12 Jahren in eine Therapiegruppe gezogen ist. Dort hat er auch die Schule besucht, in einer Kleingruppe.

Am Wochenende und in den Ferien war Ronny zu Hause, sodass er sich nicht abgeschoben, sondern unterstützt fühlte. Hier bekam Ronny die intensive Begleitung, die er gebraucht hat. Die Anforderungen der Schule wurden an seine Möglichkeiten angepasst, er hat endlich gelernt, Interesse zeigen zu können und positives Feedback bekommen.

Nachdem er seinen Hauptschulabschluss gemacht hatte, hat Ronny mit Unterstützung seiner Familie einen Ausbildungsplatz als Steinmetz und Steinbildhauer bekommen. Nach anfänglichen Schwierigkeiten mit seinem Ausbilder hat sich Ronny gut eingefügt. Er hat gelernt, sich den Anforderungen der Ausbildung anzupassen, und sein Anleiter hat sich über die AD(H)S informiert. Er nimmt Ronnys Stimmungsschwankungen nicht persönlich und versucht, den Jungen so gut wie möglich zu fordern, da er sich handwerklich sehr geschickt anstellt.

Linus macht den Realschulabschluss

Linus ist 15 Jahre alt und gehört zu der verträumten Art der AD(H)S-Kinder. In der Grundschule gab es fast täglich einen Hausaufgabenkrieg, seine Eltern waren früh mit der Erziehung überfordert. Nach der vierten Klasse bekam er die Empfehlung für die Hauptschule. Obwohl Linus sich angestrengt hat, versagte er in der weiterführenden Schule. In der fünften Klasse wurde er aus der Klassengemeinschaft ausgeschlossen und von den Lehrern als minderbegabt bezeichnet.

Seine Eltern ließen ihn untersuchen, und eine AD(H)S wurde festgestellt. Sie entschieden sich für eine Medikation, machten eine Elternschulung, Linus absolvierte das Attentioner Konzentrationstraining[30] und besuchte ein Sozialtraining mit gleichaltrigen Jungen. Die Maßnahmen zeigten Wirkung, der Junge vertrug die Medikamente gut, und Linus hatte neben schulischen Erfolgen nun auch endlich soziale Kontakte.

Er schloss die Hauptschule erfolgreich ab und wechselte auf die Realschule. Seine Noten und sein verbessertes Verhalten lassen hoffen, dass er einen guten Abschluss macht und einen Ausbildungsplatz in seinem Wunschberuf findet. Linus will Erzieher werden.

---

30 Der ATTENTIONER von Claus Jacobs, Franz Petermann, verzahnt neuropsychologische und verhaltenstherapeutische Therapieelemente mit dem Ziel, die Aufmerksamkeitsleistungen von 7- bis 14-jährigen Kindern wirksam zu verbessern.

6. KAPITEL

Das tut Jugendlichen mit AD(H)S gut

Natürlich lassen sich nicht alle Jugendlichen über einen Kamm scheren, denn zu verschieden sind die einzelnen Persönlichkeiten mit ihren Stärken und Schwächen und zu unterschiedlich die einzelnen Aspekte der verbreiteten Störung. Trotzdem zeigen Untersuchungen an Kindern, Jugendlichen und Erwachsenen auch immer wieder Gemeinsamkeiten, aus denen hilfreiche Unterstützungsversuche abgeleitet werden.

Musik

Bei Kindern und Jugendlichen mit einer AD(H)S beobachteten Forscher aus Graz und Heidelberg eine markante Zeitverschiebung beider Hirnhälften, die abgeschwächt auch bei nicht musikalischen Menschen auftritt. Bei Kindern und Jugendlichen mit musikalischer Ausbildung hingegen arbeiten die Hirnhälften synchron. Da die schlechtere Zusammenarbeit beider Gehirnhälften negative Auswirkungen auf Aufmerksamkeit, Sprachverarbeitung und die Lese-Rechtschreibfähigkeit hat, raten die Wissenschaftler zur Musik. Kinder und Jugendliche mit einer AD(H)S könnten damit das synchrone Arbeiten ihrer Gehirnhälften unterstützen und bestimmte Fähigkeiten verbessern.

Bewegung

Laut einer aktuellen Studie aus Amerika können besonders Kinder und Jugendliche mit einer AD(H)S von einer täglichen Sporteinheit vor dem Unterricht profitieren. Mit einer halben Stunde Ausdauertraining vor Schulbeginn verringerten sich Symptome der AD(H)S bei gefährdeten Kindern, und zwar sowohl in der Schule als auch zu Hause. Dies berichten die Forscher von der Michigan State University und der University of Vermont in der Fachzeitschrift »Journal of Abnormal Child Psychology«. Damit bestätigt die Arbeit Ergebnisse früherer Studien, nach denen AD(H)S-Kinder von körperlicher Aktivität profitieren können. Wie Forscher der Michigan State Universität zuvor schon zeigen konnten, fördert eine Runde Bewegung zudem ganz allgemein die Gehirnfunktionen sowie die Rechen- und Lesefähigkeiten von Schülern.

Belohnungssysteme

Jugendliche mit einer AD(H)S können langfristige Belohnungsversprechen (lernen, um eine gute Note zu bekommen) nicht nutzen, unmittelbare Belohnungen zeigen hingegen Wirkung. Die Ausgestaltung eines Belohnungssystems kann durchaus unterschiedlich sein und sich an der Persönlichkeit des Jugendlichen orientieren. Reitet ein Mädchen beispielsweise gerne, könnte es sich Reitstunden erarbeiten. Für das zügige Erledigen der Hausaufgaben bekäme sie Punkte/Stempel/Aufkleber, und diese könnte sie dann für eine Reitstunde eintauschen, wenn sie genügend gesammelt hat.

6. Kapitel

Fixpunkte im Tagesablauf

Geregelte Essenszeiten, eine gleichbleibende Hausaufgabenzeit und eine vorgegebene Schlafengehzeit helfen einem Jugendlichen, sich im Tagesverlauf zu orientieren. Anstehende Aufgaben kann er leichter organisieren, wenn diese sich um Fixpunkte anordnen lassen.

7. KAPITEL

Fragen im Zusammenhang mit AD(H)S bei Jugendlichen

Haben Jugendliche mit AD(H)S häufig Schlafprobleme?

Kinder mit (AD(H)S) haben offenbar einen weniger erholsamen Schlaf als andere. Dies zeigt eine Untersuchung der McGill Universität in Montreal.[31]

Die australischen Forscher kommen zu dem Ergebnis, dass fast 50 Prozent der Betroffenen mit AD(H)S vorübergehend unter Schlafproblemen leiden und 10 Prozent dauerhaft. Zu den Problemen gehörten Angst vor dem Schlafengehen, Verweigerung des Zubettgehens und Schlafwandeln.

Bekannt ist bereits, dass Kinder mit einer AD(H)S doppelt oder dreimal so häufig wie ihre Altersgenossen unter Schlafstörungen leiden. Doch wissen Experten nicht, wie lange die Probleme der Kinder anhalten. Die Wissenschaftler um Diplompsychologin Kate Lycett von der Universität in Melbourne, Australien, wertete die Daten von 21 Kinder- und Jugendarztpraxen mit 270 jungen Patienten mit AD(H)S im Verlauf eines Jahres aus.

Bei 49 Prozent der Kinder war der Schlaf vorübergehend gestört, bei 10 Prozent blieben die Probleme über den ganzen

---

31 in Sleep 2009; 32: 343-350

Untersuchungszeitraum hinweg bestehen. 41 Prozent der Kinder schliefen ohne Schwierigkeiten.

Laut den Forschern trugen zusätzliche Störungen wie Aggressivität, Lese-Rechtschreibschwäche, depressive Störung, Angststörung zu verstärkten Schlafproblemen bei.

Lycet weist darauf hin, dass nach neueren Studien ein Verhaltenstraining bei Schlafproblemen helfen könnte. Auch Medikamente können evtl. unterstützend wirken. Eltern und Kinder- und Jugendärzte sollten bei Kindern mit AD(H)S besonders auf die Schlafqualität achten. Denn mangelnder Schlaf kann andere Probleme wieder verstärken, wie z. B. Schulprobleme.[32]

Dürfen Jugendliche mit AD(H)S den Führerschein machen?

Jugendliche mit einer AD(H)S, die regelmäßig Medikamente einnehmen, können den Führerschein ebenso wie jeder andere 17-Jährige (begleitetes Fahren) oder 18-Jährige machen. Die Fahrerlaubnis ist beim Eintritt in das Berufsleben für viele Berufe Voraussetzung und wird auch in der Peergroup als ein wichtiges Zeichen von Eigenverantwortlichkeit und Selbstständigkeit wahrgenommen.

Bauen Jugendliche mit AD(H)S mehr Verkehrsunfälle?

Generell gilt, dass über 20 Prozent aller Hauptverursacher von Verkehrsunfällen zwischen 18 und 25 Jahren alt sind. Dabei stellen nicht angepasste Geschwindigkeit, Einschränkung der

---

[32] http://www.aerzteblatt.de/nachrichten/35614/Schlafstoerungen-bei-ADHS-Kindern

Verkehrstüchtigkeit (z. B. durch Drogen oder Alkohol) und Konzentrationsmängel die häufigste Unfallursache bei Unfällen mit Personenschäden dar.[33] Einige Untersuchungen zeigen auch einen Zusammenhang zwischen negativem Fahrverhalten und einer AD(H)S, der Schwerpunkt liegt hierbei auf einer Verletzung der Verkehrsregeln.

Die schon im Kapitel Kriminalität erwähnte schwedische Studie hat ebenfalls gezeigt, dass das Verkehrs-Unfallrisiko von AD(H)S-Patienten generell erhöht ist. Dabei spielen mehrere Faktoren eine Rolle. Unaufmerksamkeit und Impulsivität können im Straßenverkehr verheerende Folgen haben, ebenso eine erhöhte Risikobereitschaft, die mit einer AD(H)S einhergehen kann. Dazu kann eine erhöhte Bereitschaft hinzukommen, sich nicht regelkonform zu verhalten – mitunter sehr gefährlich auf der Straße. Auch das erhöhte Risiko für Suchterkrankungen könnte eine Rolle spielen, schließlich ist die Unfallgefahr deutlich höher, wenn jemand betrunken oder unter Drogeneinfluss Auto, Motorrad, Moped oder Fahrrad fährt.

Wenn Jugendliche mit einer AD(H)S Medikamente nehmen, sollten Sie vorbeugend einen entsprechenden Arztbrief mitführen, um bei einer Polizeikontrolle und/oder einem Drogentest einen Nachweis über die Notwendigkeit der Medikation vorweisen zu können. Bei einer ärztlich verschriebenen Stimulanzien-Einnahme besteht also definitiv kein Verkehrsverstoß.

Wichtig

Insbesondere in der Einstellungsphase auf ein Medikament oder in einer Medikamentenumstellungsphase ist die Teilnahme am Straßenverkehr nur bedingt empfehlenswert. Die Aus-

---

33 Fegert Jörg u. Liliane, Teilnahme am Straßenverkehr und Psychopathologie bei Jugendlichen und jungen Erwachsenen, 2012

wirkungen des Medikaments könnten die Fahrtüchtigkeit beeinträchtigen. Von der zusätzlichen Einnahme von Drogen oder Alkohol ist dringend abzuraten.

Haben Jugendliche mit AD(H)S mehr Verletzungen als andere?

Generell ist bei Jugendlichen und jungen Erwachsenen mit AD(H)S von einer erhöhten Unfallgefahr auszugehen, das betrifft nicht nur Verkehrsunfälle, sondern auch Unfälle am Arbeitsplatz oder in der Freizeit (Sportverletzungen). Kinder mit AD(H)S haben ein drei Mal so hohes Risiko, im Straßenverkehr zu verunglücken wie Heranwachsende ohne diese Krankheit. Zu diesem Ergebnis kommt der Deutsche Verkehrssicherheitsrat (DVR). Nach Schätzungen des Verkehrspsychologen Hardy Holte haben im Jahr 2008 etwa 2.600 der verunfallten Fußgänger und Radfahrer im Alter von sechs bis 15 Jahren eine AD(H)S aufgewiesen. Das entspricht 15 Prozent der insgesamt 17 255 verunglückten Personen in dieser Altersgruppe, obwohl der Gesamtanteil an einer AD(H)S erkrankter Kinder lediglich fünf Prozent beträgt.

Schon im Jahr 2001 berichtet das Deutsche Ärzteblatt über die erhöhte Unfallgefahr von Kindern mit AD(H)S:

»In drei Kinderarztpraxen wurde über zehn Jahre die Unfallhäufigkeit von Kindern untersucht, bei denen die Diagnose Aufmerksamkeitsdefizit und Hyperaktivitätsstörung (AD(H)S) festgestellt wurde. Es ergab sich eine signifikante Erhöhung der Unfallrate und Unfallschwere im Vergleich zu einer Kontrollgruppe. Das hohe Unfallrisiko bei AD(H)S erfordert präventive Programme.«

Ist auch das Sterberisiko erhöht?

Nicht nur Unfälle, sondern auch das Sterberisiko ist bei den Betroffenen erhöht. Laut einer Studie dänischer Forscher um Søren Dalsgaard von der Universität Aarhus haben Patienten mit AD(H)S eine niedrigere Lebenserwartung und ein zweimal so hohes Sterberisiko wie gleichaltrige Menschen ohne diese Verhaltensstörung.

Die Wissenschaftler untersuchten die Todesfälle ab der Geburt bis zum Jahr 2013 (der älteste Patient war 32 Jahre). In diesem Zeitraum starben 107 AD(H)S-Patienten. Das waren doppelt so viele wie zu erwarten. Bei 79 von ihnen war die Todesursache bekannt, davon 42 Unfälle. Absolut gesehen ist das Sterberisiko jedoch immer noch gering verglichen mit anderen Erkrankungen.

Für Mädchen und Frauen mit AD(H)S lag das Risiko höher als bei Jungen und Männern, heißt es in der Publikation. AD(H)S-Patienten, die ihre Diagnose erst im Erwachsenenalter bekamen, hatten sogar ein vierfach erhöhtes Sterberisiko. Hatten die Patienten zusätzliche Probleme wie Störungen des Sozialverhaltens oder Süchte, stieg das Risiko sogar bis auf das Achtfache.[34]

Hilft Neurofeedback bei AD(H)S?

Eine andere viel diskutierte Möglichkeit der Therapie bei einem AD(H)S ist das Neurofeedback, bei dem eine Rückmeldung der Hirnaktivitäten an den Betroffenen über eine Verkabelung (inzwischen über eine Art Kopfhörer) stattfindet. Es

---

34 http://www.thelancet.com/journals/lancet/article/PI-
IS0140-6736%2814%2961684-6/abstract

gibt immer mehr Studien[35], die eine Wirksamkeit von Neurofeedback belegen, allerdings steht die Forschung hier noch am Anfang, sodass eine abschließende Bewertung nicht möglich ist. De facto zeigt das Neurofeedback nur Wirkung, wenn sowohl die Betroffenen selber als auch die Eltern hoch motiviert sind und das Programm kontinuierlich durchführen.

Wirken Cola oder Energy-Drinks beruhigend bei einer AD(H)S?

Bei manchen Jugendlichen mit AD(H)S wirken die stimulierenden Substanzen in Coca Cola, Energy-Drinks und Kaffee ähnlich wie die Stimulanzien (Methylphenidat, Dexamfetamin), die Ärzte als Medikamente verschreiben. Sie haben aber mehr negative Nebenwirkungen, z. B. Herzjagen, Blutdruckerhöhung, Händezittern und Magenreizungen.

Ist AD(H)S vererbbar?

Die Ursachen und Entstehungsbedingungen der AD(H)S sind noch nicht vollständig geklärt. Es gilt aber als sicher, dass das Störungsbild nicht auf eine einzige Ursache zurückzuführen ist, sondern dass mehrere Komponenten beteiligt sind. Familien-, Adoptions- und Zwillingsstudien zeigen, dass genetischen Faktoren die größte Bedeutung in der Ätiologie zukommt. Etwa 65–90 Prozent der phänotypischen Varianz werden auf genetische Faktoren zurückgeführt. Geschwister, Eltern oder andere Verwandte haben ein etwa 3-5-fach erhöhtes Risiko ebenfalls an einer AD(H)S zu erkranken. Biologische Eltern leiden häu-

---

35 http://www.agadhs.de/uploads/NeurofeedbackfuerAGADHSHP1110_2.pdf?phpMyAdmin=mnqYFoUjxacywsd8mz0PoahlT%2C1

figer unter AD(H)S (18%) als Adoptiveltern (3%). Eltern sind häufig mitbetroffen.[36]

Hilft eine Diät bei einer AD(H)S?

Nur ein sehr kleiner Teil der Kinder und Jugendlichen mit einer AD(H)S weist für bestimmte Nahrungsstoffe eine Unverträglichkeit auf. Werden diese Nahrungsstoffe aus der Ernährung ausgeschlossen, kann dadurch die Symptomatik gelindert werden, allerdings weniger deutlich als durch eine Medikamentengabe oder eine Verhaltenstherapie. Zum Durchführen einer Diät benötigt der Jugendliche viel Disziplin und Durchhaltevermögen, besonders bei der sogenannten oligoantigenen Diät. Hierbei werden nach und nach einzelne Lebensmittel als Verursacher von Beschwerden ausgeschlossen. Da sie nur sehr schwierig und aufwendig durchzuführen ist, hat sie sich im Alltag bei der Behandlung von AD(H)S nicht durchgesetzt.

Kann Paracetamol in der Schwangerschaft eine AD(H)S bewirken?

Eine Erhebung[37], bei der 64.322 dänische Mütter und ihre Kinder untersucht wurden, hat besorgniserregende Ergebnisse geliefert: Mütter, die in der Schwangerschaft regelmäßig zu Paracetamol griffen, haben demnach häufiger Kinder, die eine AD(H)S haben oder verhaltensauffällig sind. Die Hälfte der untersuchten Mütter griff in der Schwangerschaft zu Paracetamol. Ihre Kinder hatten ein 37 Prozent höheres Risiko mit einer AD(H)S oder ADS diagnostiziert zu werden.

---

36 http://www.bundesaerztekammer.de/page.asp?his=0.7.47.3161.3163.3166
37 http://archpedi.jamanetwork.com/article.aspx?articleid=1833486

Eine Studie aus Norwegen[38], bei der 48.631 Kinder untersucht wurden, lieferte ähnliche Ergebnisse. Neben der Neigung zu einer AD(H)S stellten die Forscher bei den Kindern schlechtere gesamtmotorische Entwicklungen sowie ein gestörtes Kommunikationsverhalten fest.

Kann ein Schulbegleiter einen Jugendlichen mit AD(H)S unterstützen?

In bestimmten Fällen ist das möglich. Ein Antrag auf eine Schulbegleitung muss mit den entsprechenden Gutachten beim örtlichen Jugendamt gestellt werden. Dort wird geprüft, ob das Jugendamt die Kosten für einen Schulbegleiter (Integrationshelfer) übernimmt.

Zunächst ist allerdings erst einmal die Schule verpflichtet, ihrem Integrationsauftrag nachzukommen.

---

38 www.publichealth.pitt.edu/Portals/0/EOH/Journal%20Club/TomSpring2014.pdf

8. KAPITEL

Neuigkeiten und key-Points: Das Wichtigste in Kürze

Neue Studie zur Volkskrankheit AD(H)S startete 2015

In einer neuen Studie, die 2015 startete, werden Mediziner der Klinik für Kinder- und Jugendmedizin im Bochumer St. Josef-Hospital, die LVR-Klinik Essen, die Vestische Kinder- und Jugendklinik Datteln sowie die LWL-Uniklinik für Kinder-und Jugendpsychiatrie Hamm der Ruhr-Universität Bochum den neuen Kinder-Volkskrankheiten auf den Grund gehen. Neben Adipositas und Allergien geht es auch um die AD(H)S. Das »NIKI« genannte Projekt widmet sich den neuen Krankheiten, von denen inzwischen jedes vierte Kind betroffen ist.

AD(H)S an der Stimme erkennen, geht das?

US-Forscher Paul Wender hat die acht Beschwerden umfassende »Wender-Utah-Rating-Scale« entwickelt, anhand derer Psychotherapeuten und Psychiater zusammen mit ihren Patienten ermitteln können, ob sie mit acht bis zehn Jahren eine unerkannte AD(H)S hatten. Der Psychiater Michael Colla, der am Forschungszentrum von Charité und Max-Delbrück-Centrum auf dem Campus Berlin-Buch eine Hochschulambulanz für erwachsene AD(H)S-Patienten leitet, hat in Zusammenarbeit mit dem Mathematiker Jörg Langner und der Psychologin Daina Langner eine verblüffende Methode zur Diagnose der AD(H)S entwickelt und getestet. Die »Deep Speech Pattern Analysis« ermöglicht es, in kurzen sprachlichen Äußerungen charakteristische Muster der Sprechstimme auszumachen. Eine vom Bundeswirtschaftsministerium unterstützte Pilotstudie mit 300 Schulkindern, deren Daten kürzlich vorgestellt wurden, belegt die Treffsicherheit der Methode, es ergab sich eine Übereinstimmungsquote von 90 Prozent mit der ärztlichen Diagnose. Colla ist überzeugt, dass Audioprofile auch bei Erwachsenen die Diagnose erhärten können. Sprachmelodie, Rhythmus, Klangfarbe, Schwankungen der Lautstärke: All das könnte also in Zukunft helfen, eine AD(H)S zu erkennen.

1. AD(H)S bleibt bei bis zu 2/3 aller Betroffenen nach der Kindheit auch in der Jugend und im Erwachsenenalter bestehen. Die äußere Unruhe wandelt sich nicht selten zu Nervosität und einer inneren Unruhe. Bei manchen Jugendlichen wird erst in der Pubertät festgestellt, dass sie unter der Störung leiden.
2. Die großen körperlichen und seelischen Umwälzungen in der Pubertät sind für Jugendliche mit einer AD(H)S schwerer zu bewältigen als für Nicht-Betroffene. Die typischen Verhaltensweisen der Pubertät dauern oft bis weit über den 20. Geburtstag hinaus an. Die Jugendlichen und jungen Erwachsenen sind länger als andere auf Unterstützung angewiesen.
3. Angst und Unsicherheit, die für die meisten Jugendlichen in der Pubertät typisch sind, können bei AD(H)S-Betroffenen leichter in einer Depression enden, da sie bereits viele Misserfolge, Ablehnung und Kritik erlebt haben. Eine Depression muss immer sorgfältig behandelt werden, denn es besteht stets die Gefahr eines Suizides.

4. Teenager mit einer AD(H)S sind nachweislich anfälliger für Alkohol, Nikotin und bewusstseinsverändernde Drogen. Je ausgeschlossener sie sich fühlen und je unglücklicher sie sind, desto eher greifen sie zu Suchtmitteln und versuchen, sich selber zu »behandeln«.
5. Illegale oder kriminelle Handlungen reizen Jugendliche mit einer AD(H)S, weil sie Spannung versprechen und den Kontakt zu Gleichgesinnten erleichtern. An die möglichen Folgen wird dabei nicht gedacht.
6. Jugendliche mit einer AD(H)S sind anfälliger für Unfälle aller Art als Nicht-Betroffene. Das ist ihrer Risikobereitschaft geschuldet und ihrer schnell nachlassenden Aufmerksamkeit und leichten Ablenkbarkeit.
7. Jugendliche mit einen AD(H)S brauchen einen klar strukturierten Alltag, an dem sie sich orientieren können. Konsequenz und gemeinsam entwickelte Regeln helfen ihnen, ihre Konzentrationsstörungen, Störungen in der Aufmerksamkeit und im Abspeichern oder in der Verarbeitung von Informationen besser zu bewältigen.
8. Jugendliche mit einer AD(H)S brauchen die Unterstützung der Familie und ihrer Freunde länger als Nichtbetroffene. Ohne Rückhalt und Hilfe sind Schulabschluss, Berufsausbildung und das Führen eines eigenen Haushalts nur schwer zu bewältigen.
9. Die positiven Aspekte von einer AD(H)S sind eine hohe Empathie (Einfühlungsvermögen) und Kreativität. Bei besonderem Interesse können Jugendliche mit einer AD(H)S Außergewöhnliches leisten.
10. Beziehungen sind für Betroffene nicht leicht zu führen. Ihre Unordnung und ihr oft fehlendes Zeitgefühl, die mangelnde Fähigkeit zum Perspektivwechsel und eine körperliche Wahrnehmungsintensität führen schnell zu Missverständnissen und Konflikten.

11. Soziale Tätigkeiten und Berufe, bei denen selbstbestimmt und kreativ gearbeitet werden kann, eignen sich gut für Menschen mit einer AD(H)S. Häufig können sie auch gut moderieren, verkaufen oder sind gute Schauspieler. Viel auszuprobieren, um den passenden Beruf zu finden, ist wichtig und sinnvoll.
12. Ob eine Medikation oder eine Therapie notwendig und hilfreich sein kann, muss immer mit den entsprechenden Fachleuten, den Eltern und dem Jugendlichen gemeinsam entschieden werden. Eine Begleitung und regelmäßige Anpassung der Medikation sollte gewährleistet sein.

Nimm's mit Humor

Eine sehr schöne humorvolle Rubrik über die AD(H)S findet sich im Forum www.adhs-chaoten.net. Mit Humor geht eben wirklich alles leichter.

Spitznamen müssen nicht sein

Jugendliche oder Kinder mit einer bestimmten Verhaltensauffälligkeit werden gerne mit entsprechenden Spitznamen ausgestattet. An diesen Namen kann dann schon abgelesen werden, wie sich die Person im Alltag verhält. Jugendliche mit einer AD(H)S werden schon als Kind mit einer Vielzahl von typischen Spitznamen bedacht. Oft leiden sie ihr Leben lang unter den Bezeichnungen, die sie schon früh in eine bestimmte Ecke stellen.

Die Unkonzentrierten

- Chaos-Lilly / Chaos-Kind
- Prinzessin Erbse (Gehirn klein wie eine Erbse)
- Karotte (von Chaos)
- Schussel, Schusseline
- Bauer
- Dickschädel
- zerstreuter Professor
- Quassel
- Luftikus
- Dusselkuh

Die Hyperaktiven

- Terrornudel
- Störsender
- Klugscheißer
- Prof. Dr. Dr.
- Dr. Fleckensalz
- Terrorkeks
- Wirbelwind
- Zappelphilipp
- Kasper
- Schnatterinchen
- Flummi

Die Verträumten

- Susi Sorglos
- Mäuschen
- Tollpatsch
- Hans guck in die Luft
- Transuse

8. Kapitel

- Döspaddel
- Nixblicker
- Träumer

Auch wenn es schwer fällt, weil manche Namen einfach zu gut passen, sind solche Spitznamen nicht hilfreich. Verhaltensweisen, die der Betroffene gerne ablegen würde aber nicht kann, bleiben mit einem solchen Spitznamen jahrelang im Bewusstsein aller Bekannten. Besonders in der Schule kann es quälend und grausam sein, immer wieder als Träumer oder Energiebällchen bezeichnet zu werden. Besser ist es, einen ganz normalen Spitznamen zu wählen, der sich aus dem Vornamen ableitet oder der keine Bedeutung hat.

Die Veränderung eines Spitznamens können Eltern ganz aktiv vorantreiben und auch als Ritual zum Start in einen neuen Lebensabschnitt »verkaufen«. In der Pubertät verändern sich Kinder oft so grundlegend, dass auch die Bezeichnung mit einem neuen, cooleren Spitznamen niemanden wundert. Finden Sie heraus, welche Serie, welchen Film oder welche Band Ihr Kind gerne mag und suchen Sie sich aus diesem Dunstkreis einen positiv besetzten neuen Namen aus. Testen Sie, auf welchen Namen Ihr Kind anspricht und benutzen Sie diesen dann konsequent. Aus dem Klugscheißer wird dann beispielsweise auch für alle anderen schnell Darth Vader, Schweini-Klon oder Lady Wow.

Nachwort

AD(H)S ist seit vielen Jahren allgegenwärtig, besonders im Bereich der Pädagogik und der Bildung. Eine neue Meldung jagt die nächste, und jede noch so kleine Information wird in den Zeitungen oder im Internet intensiv diskutiert. Kein Wunder, wenn inzwischen jedes vierte Kind in Deutschland in seinem Leben zumindest einmal die Diagnose AD(H)S bekommen hat. Nur Allergien und Übergewicht sind ähnlich stark verbreitet unter den Kinder- und Jugendkrankheiten. Verglichen mit diesen Erkrankungen ist die Behandlung von einer AD(H)S kompliziert und aufwendig. Weniger und anders essen oder sich von allergenen Stoffen fernhalten, reicht hier nicht.

Die ganze Familie und das soziale Umfeld müssen mit der Störung leben. Ich bewundere Eltern, die ihr hyperaktives Kind jahrelang unterstützen, sich um sein Wohlergehen kümmern und immer wieder alle Probleme fürsorglich aus dem Weg räumen. Erschöpfte und ausgelaugte Eltern, die eine anstrengende Erziehungs- und Bildungsarbeit neben Beruf und Familie Tag für Tag meist klaglos bewältigen. Kommt das Kind dann nach einer anstrengenden Kindheit in die Pubertät, wird es oft noch mühsamer. Zu diesem Zeitpunkt sind viele Eltern aber bereits am Ende ihrer Kraft. Sich jetzt noch einmal mit voller Energie der Super-Pubertät zu stellen, nötigt mir immer wieder viel Respekt ab.

Nicht selten kommen gerade in der Zeit der Pubertät des Kindes noch weitere Anforderungen auf die Familie zu. Die eigenen Eltern werden gebrechlich und benötigen Hilfe, die Wechseljahre beginnen und die jahrelangen beruflichen Belastungen fordern ihren Tribut. In dieser Situation können Familien mit einem von AD(H)S betroffenen Kind oder Jugendlichen jede Unterstützung gebrauchen. Kritik und Ausgrenzung, Schulverweis oder Ausbildungsabbruch sind nicht hilfreich.

Ich arbeite seit vielen Jahren mit Kindern und Jugendlichen, die mit schulischen Problemen zu kämpfen haben. Manche sind überfordert, andere leiden unter Teilleistungsstörungen und einige werden gemobbt oder sind unterfordert.

Nicht immer ist meine Arbeit beglückend und befriedigend, manchmal quäle auch ich mich durch langweilige und langatmige Förderstunden.

Nicht so bei Kindern und Jugendlichen mit einer AD(H)S! Bei den impulsiven Jungen und Mädchen ist immer etwas los. Nie weiß ich, was mich in der nächsten Stunde erwartet. Stets sind unsere Lerneinheiten lebendig und unterhaltsam, bewegend oder lustig. Die Kinder und Jugendlichen sind fantasievoll, entwickeln immer neue Ideen und lassen sich leicht (aber nicht lange) begeistern. Der Förderunterricht mit diesen Jugendlichen bringt mich oft an meine Grenzen, aber er ist auch immer bereichernd.

Ja, die Betroffenen sind eine große Herausforderung für Eltern, Freunde und Lehrer. Aber sie bergen auch ein großes Potenzial an Lebensfreude, Kreativität, Energie und Nächstenliebe. Sie bringen ihre Mitmenschen schnell an die eigenen Grenzen und überraschen sie dann wieder mit beeindruckenden Einfällen, skurrilen Liebesbeweisen oder erstaunlichen Leistungen.

Wenn es gelingt, die negativen Aspekte der Störung nicht zu ernst zu nehmen und die positiven hervorzuheben, wird das Leben für alle Beteiligten leichter. Das gilt in besonderem Maße für Pädagogen und Mitschüler oder Mitstudenten. Bekannten Persönlichkeiten (Eckardt von Hirschhausen, Benjamin von Stuckrad-Barre, Jamie Oliver oder Paris Hilton) ist es gelungen, die Symptome der Störung positiv zu nutzen. Nicht wenige behaupten, sie wären ohne ihre AD(H)S niemals so weit gekommen. Warum soll das nicht auch unseren Kindern und Jugendlichen gelingen?

Niemand sollte ausgegrenzt oder beschämt werden, denn wer nicht dazugehören darf, stellt sich irgendwann gegen das System. Anderssein ist bereichernd und kann den Blickwinkel für viele Menschen erweitern. Ich möchte die Arbeit mit »meinen« von AD(H)S betroffenen Kindern und Jugendlichen auf keinen Fall missen.

Informative Internetseiten

Die aktuellsten Informationen rund um die Störung und hilfreiches Wissen über aktuelle Studien und Untersuchungen, aber auch persönliche Erfahrungsberichte und alternative Therapieansätze finden sich im Internet. Es spricht nichts dagegen, sich hier mit anderen Betroffenen auszutauschen und nach hilfreichen Tipps zu suchen. Auch Kontakte zu Selbsthilfegruppen sind nirgendwo schneller zu knüpfen als im World Wide Web.

Denkanstöße, Freundschaften, Insiderwissen und auch viel Trost von Mitstreitern sind unschätzbare Hilfen, die im Internet zu finden sind. Bei therapeutischen Ratschlägen, Online-Tests oder Empfehlungen für eine Medikation ist allerdings größte Vorsicht geboten. Eine zuverlässige Diagnose kann nur ein Fachmann stellen, das reine Ausfüllen einer Checkliste im Internet reicht niemals aus, sie kann lediglich ein Denkanstoß sein.

Ebenfalls bedenklich sind die zahlreichen Internetseiten über die AD(H)S, die von pharmazeutischen Unternehmen erstellt und gepflegt werden. Natürlich sind die Webseiten höchst professionell gestaltet und erwecken den Anschein von Neutralität und höchster Kompetenz. Sieht man jedoch im Impressum nach, finden sich die relevanten Informationen, die auf ein starkes Eigeninteresse am Verkauf eines bestimmten Produkts hinweisen. Auf eine Nennung dieser Seiten, auch wenn sie viele interessante und korrekte Informationen über die AD(H)-Störung enthalten, wird in diesem Ratgeber bewusst verzichtet.

Die folgenden Internetseiten wurden bei der Erstellung dieses Ratgebers benutzt und können weiterempfohlen werden, sofern sie in dieser Form noch weiter Bestand haben.

ADD Forum Berlin e.V.
http://www.add-forum.de/

ADHS-Chaoten Forum
www.adhs-chaoten.net

ADHS Deutschland e.V.
www.adhs-deutschland.de

ADHD Europe
http://www.adhdeurope.eu

ADHS Studien
Wissenschaftliche Arbeiten über die Aufmerksamkeitsdefizit-/Hyperaktivitätsstörung (ADHS) http://www.adhs-studien.info/home.html

ADHSpedia
http://adhspedia.de/wiki/Studien

AG ADHS
Die Arbeitsgemeinschaft ADHS der Kinder- und Jugendärzte (AG ADHS) bietet Ihnen wichtige Informationen, Aktuelles, sowie praktische Tipps und Hilfen zum Thema ADHS.
http://www.ag-adhs.de

Bundesärztekammer
http://www.bundesaerztekammer.de/page.asp?his=0.7.47.3161.3162&all=true#8

Das Anderseltforum
http://www.adhs-anderswelt.de

Infoportal ADHS
Das zentrale adhs-netz ist ein bundesweites Netzwerk zur Verbesserung der Versorgung von Kindern, Jugendlichen und Erwachsenen mit ADHS und wird im Auftrag der Bundesregierung durchgeführt.
http://www.adhs.info

JUVEMUS
Vereinigung von Kindern und Erwachsenen mit Teilleistungsschwächen e.V.
www.juvemus.de

Seht e.V.
Bundesvereinigung SeHT Selbstständigkeitshilfe bei Teilleistungsstörungen e.V.
www.seht.de

The New England Journal of Medicine:
Medication for Attention Deficit–Hyperactivity Disorder and Criminality
http://www.nejm.org/doi/full/10.1056/NEJMoa1203241

Versorgungsatlas
aktuelle Auswertung aller Versicherten
http://versorgungsatlas.de/

Internethilfe für Jugendliche mit einer Depression
www.u25-deutschland.de

Facebook-Forum betroffener AD(H)Sler
https://www.facebook.com/groups/357934575749/

Zentrales ADHS-Netz
Koordination: Universitätsklinikum Köln
Robert Koch Str. 10, 50931 Köln
www.zentrales-adhs-netz.de

Kinder- und Jugendärzte
www.kinderaerzte-im-netz.de

Neurologen & Psychiater
www.neurologen-und-psychiater-im-netz.org

Berufsbildungsgesetz
www.bmbf.de/pubRD/bbig.pdf

Literatur

The **Lancet** vom 25. 2. 2015: Mortality in children, adolescents, and adults with attention deficit hyperactivity disorder: a nationwide cohort study
www.thelancet.com/journals/lancet/article/
PIIS0140-6736%2814%2961684-6/abstract

Neuhaus, Cordula:
Jugendliche und junge Erwachsene mit AD(H)S
Urania Verlag 2013

Katja John, Prof. Dr. Katja Becker, Prof. Dr. Fritz Mattejat Philipps Universität Marburg
Wissenschaftliche Begleitevaluation zum Versorgungskonzept AD(H)S in Baden-Württemberg, Sachbericht 30.6.2013

Barkley, Russell A., Das große Handbuch für Erwachsene, Huber Verlag, 1. Auflage 2012

Barmer GEK Arztreport 2013
T.G. Grobe, E.M. Blitzer, F.W. Schwartz
http://presse.barmer-gek.de/barmer/web/Portale/Presseportal/Subportal/
Presseinformationen/Archiv/2013/130129-Arztreport-2013/PDF-
Arztreport-2013,property=Data.pdf

Der Versorgungsatlas
Die Aufmerksamkeitsdefizit-/Hyperaktivitätsstörung (ADHS) bei Kindern und Jugendlichen in der ambulanten Versorgung in Deutschland Teil 1 – Entwicklung der Diagnose- und Medikationsprävalenzen von ADHS zwischen 2008 und 2011 im regionalen Vergleich

Fydrich, Thomas, Institut für Psychologie, Humboldt-Universität Berlin
in: Psychotherapeut 2009, Arbeitsstörungen und Prokrastination
Institut für Berufsprofiling
www.berufsprofiling.de

Kessler RC, Adler L., Barkley R., Biedermann J., Conners CK, Demler O. u. a., (2006): The prevalence and correlates of adult ADHD in the Unites States: results from the National Comorbidity Survey Replication. Am J. Psychiatry, 163 (4): 716–723